Lehner/Ziep · Phantastische L

Martin Lehner / Klaus-Dieter Ziep

Phantastische Lernwelt

Vom »Wissensvermittler« zum »Lernhelfer«

Anregungen für die Seminar-Praxis

Eine Ideensammlung für Dozenten, Trainer und Lehrer in der Weiterbildung

2., überarbeitete Auflage

DEUTSCHER STUDIEN VERLAG

Weinheim 1997

Über die Autoren:

Martin Lehner, Dr. phil., Jg. 58, ist freiberuflicher Trainer und Berater in der beruflichen Weiterbildung; Durchführung von Projekten und Seminaren mit den Schwerpunkten Lehren und Lernen, Kreativität, Kommunikation, Führung, Kompetenzentwicklung.

Klaus-Dieter Ziep, Dr. phil., Jg. 58, ist Dozent in der betrieblichen Weiterbildung und Berater für Aus- und Weiterbildung im Geschäftsbereich Weiterbildung der IBM Deutschland Informationssysteme GmbH; Durchführung von Seminaren und Vorträgen zu den Themenbereichen Lehren und Lernen, Rhetorik und Präsentationstechnik, Telekommunikation in der Weiterbildung; Entwicklung von Lehr- und Lernmethoden; Entwicklung von Weiterbildungskonzepten für Unternehmen und öffentliche Organisationen sowie deren Beratung in Fragen der Aus- und Weiterbildung.

1. Auflage 1992
2., überarbeitete Auflage 1997

Druck nach Typoskript (DTP)

Druck: Druck Partner Rübelmann, 69502 Hemsbach
Buchbinderische Verarbeitung: Druckhaus »Thomas Müntzer«, 99947 Bad Langensalza/Thüringen
Seriengestaltung des Umschlags: Federico Luci, 50674 Köln
Printed in Germany

ISBN 3 89271 362 6

Vorwort

Was hat uns dazu bewogen, dieses Buch zu schreiben ? Nun, einerseits sicherlich das immerwährende Interesse an Fragen des Lehrens und Lernens, andererseits aber vor allem der praktische Umgang mit unseren "Lern-Ideen" bei der Vorbereitung und Durchführung von Seminaren und der damit verbundene Wunsch, diese Ideen auch anderen Dozenten, Trainern und Referenten zugänglich zu machen.

Der folgende Gedanke bringt unsere "Philosophie des Lehrens und Lernens" treffend auf den Punkt:

Lernen heißt: Lernstoff aufnehmen und **AKTIV** verarbeiten!

Von daher muß es die vordringlichste Aufgabe eines jeden Dozenten sein, aktive Verarbeitungsprozesse bei seinen Lernern zu organisieren.

Diese Lehr- und Lernphilosophie haben wir in den letzten Jahren in vielen Seminaren praktizieren und weitergeben können, der eine als freiberuflicher Berater und Trainer, der andere als Berater für Aus- und Weiterbildung im Weiterbildungsbereich eines internationalen Unternehmens.

Da das eigene Wirken natürlich auch immer einen "geistigen Vater" hat, möchten wir an dieser Stelle einen herzlichen Dank an Prof. Dr. Klaus W. Döring richten. Er führte uns mit großem Engagement in die phantastische Welt des Lehrens und Lernens ein.

Wir hoffen, daß es uns gelingt, nicht nur unsere Erfahrungen, sondern auch unsere Begeisterung an Sie weitergeben zu können. Wir wünschen Ihnen viel Spaß beim Lesen und vor allem viel Erfolg beim Ausprobieren der Ideen in Ihrer Seminarpraxis !

Martin Lehner Klaus-Dieter Ziep

Inhaltsverzeichnis

Einleitung - Warum dieses Buch für Sie wichtig ist!

Wenn Sie

- als Dozent[1] bzw. Trainer in der Weiterbildung tätig sind und
- sich auf der Suche nach praktischen Hinweisen für ein erfolgreiches Lehren und Lernen befinden,

so haben Sie möglicherweise das richtige Buch aufgeschlagen. Ich[2] werde versuchen, Ihnen im folgenden einige wichtige Anregungen aus der Praxis für die Praxis zu geben.

Als bereits praktizierender oder vielleicht angehender Dozent werden Sie sich sicherlich auch schon gefragt haben, ob denn Ihre Bemühungen, Ihren erwachsenen Teilnehmern neue Lerninhalte zu vermitteln, von einem tatsächlichen Lern-Erfolg gekrönt sind.

❑ Läßt sich unter dem zunehmenden Druck der Stoffmengen und der damit verbundenen Zeitknappheit im Seminar überhaupt noch erfolgreich lehren bzw. lernen ?

❑ Oder stellen sich die eigentlichen Lernerfolge nicht erst nach dem Seminar durch eine aufwendige Nacharbeit ein ?

Ohne an dieser Stelle alle denkbaren Ursachen für die angesprochenen Schwierigkeiten aufzählen zu wollen, scheinen mir zwei Ursachen jedoch so wichtig zu sein, daß ich sie herausstellen möchte:

---

[1] In der Folge sprechen wir nur von Dozenten. Natürlich sind auch diejenigen Personen angesprochen, die sich selbst als Trainer, Referenten oder Lehrer bezeichnen. Und selbstverständlich wird der Begriff "Dozent" als Gattungsbegriff verwendet, d. h. es sind Dozenten und Dozentinnen gemeint.

[2] Wir haben uns dafür entschieden, dieses Buch in der persönlicheren Form nur eines Autors zu schreiben.

- Vielen Dozenten mangelt es zum einen an einem grundlegenden Verständnis für den Ablauf von Lernprozessen erwachsener Menschen. Sie besitzen leider nur ein unvollständiges und in gewisser Weise "naives" Wissen über das menschliche Lernen.
- Zum anderen sind ihnen die vielfältigen methodischen Möglichkeiten, die ein Seminar interessant, spannend und lernintensiv zugleich machen, nicht bekannt.

Vor diesem Hintergrund stellen sich nun zwei entscheidende Fragen:

- ❑ Wie sehen denn erfolgreiche methodisch-didaktische Strategien aus, die Lernende zu einem sichtbaren und nachhaltigen Lernerfolg führen ?

- ❑ Wie können "Lehren" und "Lernen" trotz steigender Stoffmengen und immer spezieller werdender Inhalte im Seminar sinnvoll miteinander verbunden werden ?

Diesen beiden Fragen soll nun im folgenden nachgegangen werden. Betrachten Sie meine Ideensammlung als ein Angebot, aus dem Sie sich die für Sie wichtigen "Goldkörnchen" einfach herauspicken.

1. Erfolgreich lehren

Eine erste Antwort auf die Frage, wie Sie Ihren Unterricht lerngerecht gestalten, will ich Ihnen in diesem ersten Kapitel geben. Hierin geht es zunächst um die folgende Frage:

An welchen grundlegenden Prinzipien müssen eigentlich Lehrprozesse ausgerichtet werden, wenn sie nachhaltig und lernintensiv sein sollen ? Oder anders formuliert: Welches Verständnis vom Lernen sollten Sie sich als Dozent zu eigen machen und Ihren Seminaren zugrunde legen ? (Abschnitt 1.1).

Anschließend werde ich Ihnen einfache pragmatische, aber sehr effektive methodische Hinweise für die abwechslungsreiche und dramaturgische Gestaltung von Seminaren geben (Abschnitt 1.2).

1.1 Lernen im Unterricht - aber wie ?

In diesem Moment, in dem sie, lieber Leser, diese Zeilen lesen, geht in Ihrem Kopf etwas vor sich, wovon wir uns bis zum heutigen Tag nur in Hypothesen und Arbeitsmodellen eine Vorstellung machen können. Was geschieht in unserem Gehirn, wenn wir einen Text lesen, ein Bild betrachten, einem Sprecher zuhören oder eine Handlung ausführen ? Wie nehmen wir neuen Lernstoff auf, wie behalten wir ihn ? Was ist Denken, was ist Lernen, und wie hängen Behalten und Vergessen zusammen ?

Solche und viele weitere Fragen interessieren uns brennend. Aber: Wir sind weit davon entfernt, behaupten zu können, daß wir über die Vielzahl der Vorgänge, die in unserem Gehirn ablaufen, eine sichere Aussage machen können.

Wir können allenfalls Vermutungen anstellen. Nur wenige Erkenntnisse, die uns Hinweise auf die Arbeit unserer "grauen Zellen" liefern, scheinen gesichert; vieles ist Spekulation und leider oft nur Ausdruck der Phantasie, z.B. derjenigen, die in kommerziellen Seminarangeboten verheißungsvolle Lernerfolge versprechen.

Insofern möchte ich in diesem Buch Abstand nehmen von solchen Formulierungen wie "aus der Hirnforschung wissen wir" oder "wie die Ergebnisse der Hirnforschung für die Praxis belegen". Wenn ich dennoch nicht darauf verzichten möchte, wichtige Ergebnisse der neurophysiologischen und medizinischen Forschung aufzugreifen (vgl. das sechste Kapitel), so geschieht dies aus der Überzeugung heraus, daß die Vorgänge beim Lernen untrennbar mit den biologisch festgelegten Funktionen unseres Gehirns verknüpft sind.

Hierin fühle ich mich der neueren kognitionspsychologischen Lernforschung verbunden, in der versucht wird, die vorliegenden Theorien zum Lernen mit den Ergebnissen der genannten Forschungsrichtungen zu einem ganzheitlichen Theoriegebäude zu verschmelzen.

Ein kognitiver Ansatz

Seit Beginn der sechziger Jahre richtet sich das Augenmerk der Lernpsychologen nicht mehr so sehr auf die Frage, auf welche Art und Weise Umweltreize unser Verhalten bestimmen. Im Mittelpunkt des Interesses stehen vielmehr die bis dahin vernachlässigten internen Verarbeitungsprozesse, durch die wir uns unser Wissen aneignen und Fertigkeiten aufbauen. Es wird seither versucht, diese Prozesse näher zu bestimmen, um bessere Aussagen über unser Lernen, Denken, Fühlen und Handeln treffen zu können.

Für diesen kognitiven Ansatz ist es kennzeichnend, daß er offen ist für die jeweiligen Forschungsergebnisse unterschiedlicher wissenschaftlicher Disziplinen und diese zu integrieren versucht. Ein Kernstück dieses Ansatzes ist eben auch die spannende Frage nach der Funktionsweise unseres Gehirns, dem Zusammenspiel seiner verschiedenen Teile und deren Auswirkungen auf unser Handeln. Die folgenden Ausführungen basieren auf den Erkenntnissen dieses kognitionspsychologischen Konzeptes, das man auch als (Informations-) Verarbeitungskonzept bezeichnet.

Schaukelstuhl, Tee und Pfeife: So nicht !

Wie lernen wir nun also ? Oder besser: Wie läßt sich (nach den Erkenntnissen dieser Richtung der Lernpsychologie) der Prozeß erklären, den wir "Lernen" nennen ?

Am besten verdeutlichen wir uns die zentrale Aussage dieses Ansatzes anhand einer kleinen Geschichte, die ich in einem Lerntechniken-Seminar erlebt habe:

> Ich fragte die Seminarteilnehmer am ersten Seminartag danach, wie sie eigentlich lernen würden. Die Idee war, meine Teilnehmer mit ihren eigenen Lerngewohnheiten zu konfrontieren und deutlich zu machen, daß jeder ganz unterschiedlich an Lernprozesse herangeht.

Hierbei fiel mir nun ein Teilnehmer auf, der sehr zufrieden mit sich und seiner Lernstrategie zu sein schien. Als er an die Reihe kam - er hatte inzwischen von vielen Lern-Problemen der anderen Teilnehmer gehört - lehnte er sich genüßlich nach hinten, schlug die Beine übereinander, schaute in die Runde und berichtete triumphierend:

"Mit dem Lernen habe ich überhaupt keine Probleme. Ich kann immer dann am besten lernen, wenn ich mich gemütlich in meinen Schaukelstuhl setze, das Zimmer verdunkelt habe, nur die Leselampe neben mir auf das Lehrbuch gerichtet habe, das ich in der Hand halte, und ich gemütlich lesen kann. In der anderen Hand halte ich dann meine Pfeife und ab und zu trinke ich einen Schluck heißen Tee, den ich immer auf dem Beistelltisch zu stehen habe. So kann ich sehr gut lernen!"

Am zweiten Seminartag hatten wir die grundlegenden Aussagen des Verarbeitungskonzeptes erarbeitet, und ich bat nun die Seminar-Teilnehmer darum, ihre zu Anfang geschilderten Lerngewohnheiten doch einmal auf diesen Ansatz hin zu reflektieren. Der eben erwähnte Teilnehmer schien etwas nervös und blickte unruhig um sich. Nun war er an der Reihe:

"Nun, ich bin noch immer davon überzeugt, daß meine Lernstrategie richtig ist. Allerdings muß ich einräumen, daß ich schon des öfteren bemerkt habe, wie ich nach einigen Seiten wieder auf die erste Seite zurückblättern muß, um mich zu erinnern, wie die Überschrift lautet ...(!).

Und auch sonst fällt mir auf, daß ich vieles von dem, was ich gerade gelesen habe, schon wenige Minuten später gar nicht mehr so genau erinnern kann ...(!).

Ich erwische mich auch immer wieder dabei, wie ich Absätze und sogar ganze Seiten und Abschnitte noch einmal lesen muß...(!).

Zudem brauche ich viel Zeit, um ein Kapitel durchzulesen.
Oft schlafe ich beim Lesen ein...(!)
Vieles vergesse ich dann auch wieder ...(!)."

Lernen heißt aktiv sein

Wem ist es nicht auch schon so gegangen wie diesem Teilnehmer ? Er sorgt für eine angenehme Lernatmosphäre und hat somit die besten Voraussetzungen, um sich gut konzentrieren zu können. Allerdings begeht er den entscheidenden Fehler, daß er sich darauf verläßt, ausschließlich durch das Lesen von Texten den Lernstoff aufzunehmen. Er kümmert sich gar nicht um die anderen Möglichkeiten, die ihm noch zur Verfügung stehen, wie z.B.:

- Notizen machen,
- Fragen formulieren und aufschreiben,
- diese Fragen gezielt beantworten,
- Karteikarten als Lernkarten beschriften,
- mit den Lernkarten Lern-Domino spielen,
- Skizzen machen,
- Mind-Maps zeichnen,
- ausprobieren,
- mit anderen diskutieren usw.

Lernen als ein aktives Verarbeiten von Lernstoff (Informationen) zu begreifen - und nicht als ein pures Aufnehmen von Inhalten -, dies ist die zentrale Aussage des *Verarbeitungskonzeptes*.

Leider machen wir allzuoft den Fehler, uns die zu lernenden Inhalte wie mit einem Trichter einfüllen zu wollen. Entweder lesen wir ohne aufzuhören wie unser Teilnehmer (zu Hause), oder wir hören endlose Vorträge (an der Universität und in der Weiterbildung), oder wir schauen lange Filme (in der Schule) und wundern uns, wie schwer es uns fällt, die Dinge zu behalten. Lernen wird somit allzuoft nur mit rezeptiven Tätigkeiten verbunden und eingleisig gestaltet. Wir nehmen die Inhalte nur passiv auf, ohne sie aktiv zu verarbeiten.

Zwei Schritte

Die Ergebnisse der kognitionspsychologischen Forschung machen deutlich, daß der Lernprozeß als ein zweiphasiger Prozeß angesehen werden muß. An die ersten, eher rezeptiven Schritte müssen wir aktive, expressive Schritte anbinden. Sollen Lernprozesse dauerhaft und nachhaltig wirken, so sind aktive Lernhandlungen wichtig.

Je lebendiger wir also den Lernprozeß gestalten und je abwechslungsreicher wir mit dem Lernstoff umgehen, umso länger werden wir das so Erlernte behalten:

"Denken statt Merken"

"Spielerisch lernen statt Auswendiglernen"

"Entdecken statt Nachvollziehen"

möchte man sagen.

Gerade wenn es darum geht, das theoretisch Erlernte in der Praxis anzuwenden, können wir nur auf diese Art und Weise einen Lernerfolg verbuchen. Es wäre wohl der fatalste Fehler eines Skilehrers, Ihnen Skifahren im Seminarraum zu erklären, vielleicht noch in einem Film vorzuführen, wie man skifährt, und Sie anschließend auf den Hang zu schicken ... Ebensowenig wird es Ihnen gelingen, Skifahren zu lernen, indem Sie sich die Techniken nur anlesen ...

Dieses Beispiel läßt sich verallgemeinern: Die von vielen Lehrenden und Lernenden vorgenommene Gleichsetzung von Verstehen und Lernen ist völlig falsch. Die Gleichung

"Verstehen = Lernen"

gilt nicht. Das Verstehen eines Lernstoffes ist zwar eine notwendige Voraussetzung für das Lernen desselben, das eigentliche Lernen geschieht aber bei aktiven Verarbeitungsprozessen.

Das Lern-Sandwich

Wie kann man sich nun diesen Prozess "Lernen = Wissen aufnehmen und ***AKTIV*** verarbeiten" vorstellen ? Gestatten Sie, daß ich Ihnen den Lernprozeß an einem Modell, meinem Lern-Sandwich, erkläre. Es handelt sich bei diesem Lern-Sandwich um einen besonderen Hamburger[3], der in mehreren Schichten reich belegt ist (trockene Brötchen mögen Sie vermutlich nicht besonders gern).

So wie sich die verschiedenen Schichten unterschiedlichen Belages abwechseln, sollten auch die einzelnen Phasen unserer Lernprozesse aufeinander folgen. Phasen, in denen wir Lernstoff nur rezeptiv aufnehmen, müssen sich abwechseln mit solchen Phasen, in denen der Lernstoff aktiv bearbeitet wird. *Aufnahmeprozesse* wie

- lesen, zusehen, beobachten, zuhören, einprägen,

müssen immer übergehen in *Verarbeitungsprozesse* wie

---

[3] Gelegentlich spreche ich auch - zur Erheiterung einiger Teilnehmer - von einem "Lern-Whopper". Zum Begriff "Sandwich" siehe auch: Wahl, D.; Wölfing, W.; Rapp, G. u. D. Heger (Hrsg.): Erwachsenenbildung konkret. Mehrphasiges Dozententraining. Eine neue Form erwachsenendidaktischer Ausbildung von Referenten und Dozenten. Weinheim 1991.

• suchen, Fragen stellen, verbinden, abschreiben, mit eigenen Worten schreiben, abzeichnen, eigene Skizzen zeichnen, durchspielen, simulieren, mit jemandem diskutieren, jemandem erzählen, aufsagen, zusammenfassen, ausprobieren, in der Praxis anwenden usw.

Die nachstehende Abbildung verdeutlicht dieses Prinzip "Lern-Sandwich" (s. Abb. 1).

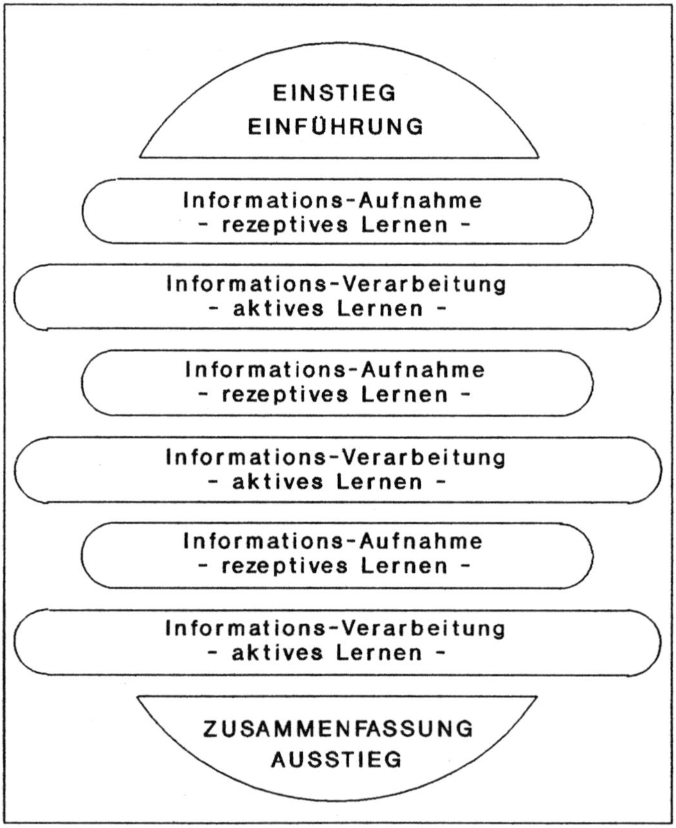

Abb. 1: Lern-Sandwich.

Kognitionspsychologisch formuliert würde man sagen: Informationsaufnahmeprozesse (erster Schritt) führen nur dann zu einer bewußten Fixierung und dauerhaften Speicherung im Gedächtnis, wenn mit ihnen assoziative Einbettungs- und Verknüpfungsprozesse (zweiter Schritt) gekoppelt sind, deren Grundlage aktive Rekonstruktions-, Wiedergabe-, Anwendungs- und Umsetzungsprozesse sind. Vielleicht merken Sie sich jedoch dieses grundlegende Lernverständnis besser an unserem "Lern-Sandwich"-Prinzip:

LERNEN =

WISSEN AUFNEHMEN
UND
A K T I V VERARBEITEN

Im nächsten Abschnitt möchten wir Ihnen einige praktische Hinweise geben, die Ihnen helfen sollen, Ihre zukünftigen Unterrichte abwechslungsreich und für Ihre Teilnehmer lernintensiv zu gestalten. Wie schaffen Sie es, Ihren Unterricht lebendig zu gestalten ? Wie erreichen Sie, daß Ihre Teilnehmer intensiv lernen, ohne daß sie dies als belastende Anstrengung empfinden ?

1.2 Wie plant man seminaristische Lernprozesse ?

Die Bedeutung dieser neueren kognitionspsychologischen Erkenntnisse für das seminaristische Planen und Handeln ist in der neueren Didaktik heute kaum noch strittig. Wer Unterrichtsprozesse zu organisieren hat, der hat die verantwortungsvolle Aufgabe, Lernprozesse bei seinen Teilnehmern in Gang zu setzen, sie aufrecht zu erhalten und zu einem erfolgreichen Abschluß zu führen.

Erfolgreich bedeutet nach meinem Verständnis nicht etwa, daß der Lerner sagt, er hätte den Sachverhalt XY verstanden, denn dies wäre ja erst das Ergebnis des ersten Lernschritts. Vielmehr bedeutet `erfolgreich' nach dem dargelegten Lernverständnis, daß der Lerner in der Lage ist, mit dem Erlernten langfristig umzugehen und es anwenden zu können.

Insofern kommt es im Seminar darauf an, daß Sie es verstehen, ein abwechslungsreiches, in gewissem Sinne dramaturgisches Wechselspiel der verschiedenen Lehr- und Lernformen zu arrangieren. In diesem Wechsel muß die Förderung der Lern-Aktivität Ihrer Teilnehmer Ihr Hauptanliegen sein.

Es ist ein geradezu fataler Irrtum, davon auszugehen, man müßte als Dozent den Teilnehmern sämtliche Fakten darlegen und ihnen einen möglichst vollständigen Informations-Input geben. Das Ergebnis dieses Irrtums sind unhaltbare Vortrags-Unterrichte, in denen die Teilnehmer mit Overhead-Folien geradezu "erschlagen" werden. Manche Dozenten bringen es auf die unglaubliche Zahl von bis zu 80 Folien in nicht einmal 60 Minuten !!!

Die Grundlage für ein lerngerechtes Seminar wird in der Vorbereitung des Seminars gelegt. Hier ist der Verlauf zu planen. Unter "Verlaufsplanung", "Strukturierung" oder dem "Bau eines Lehr-/Lern-Sandwichs" wird in der Didaktik die Gliederung der für das Seminar zur Verfügung stehenden Zeit in überschaubare und lerngerechte Schritte verstanden. Hierbei kommt es besonders darauf an, eine motivierende, "dramaturgische" Abfolge von ganz verschiedenen Lernschritten herzustellen. Diese Abfolge soll es den Teilnehmern ermöglichen, verschiedene Lerntätigkeiten zu vollziehen.

Ein wichtiger Schritt in der Vorbereitung eines Seminars ist die Festlegung der einzelnen Lernschritte in Form eines Verlaufs- oder Ablaufplanes, der ähnlich wie ein Regieplan den Ablauf des Geschehens übersichtlich macht. Die Ebenen der Planung sind hierbei:

a. die Lernziele,
b. die Teilthemen,
c. die Lehr- und Lernmethoden,
d. die unterrichtlichen Medien,
e. die Festlegung der Lernaktivität (aktiv/passiv) und
f. die Zeitplanung.

Ein allgemeines Verlaufsschema einer Seminareinheit ist nachfolgend abgebildet. In dieses Raster sind die einzelnen Merkmale (didaktische Entscheidungen) Ihres Seminars einzutragen.

Ziele	Themen	Medien	Lehr- u. Lern-methoden	Lern-aktivität	Zeit	
						Einstieg
						Phase 1
						Phase 2
						Phase 3
						Phase n
						Ausstieg

Abb. 2: Raster einer Verlaufsskizze.

Die Ebene der Lernziele

❑ Hier tragen Sie die verschiedenen Teilziele ein, die Ihre Teilnehmer in den einzelnen Lernphasen jeweils erreichen sollen bzw. wollen.

Durch die Formulierung von Zielen wird die Richtung des unterrichtlichen Handelns deutlich. Es wird klar,

- was erreicht werden soll,
- auf welchen Ebenen etwas erreicht werden soll:

a. motivational	(=> Antrieb/Willen),
b. kognitiv	(=> Wissen/Erkenntnis),
c. affektiv	(=> Gefühle/Werte),
d. psychomotorisch	(=> Handlung),

- mit welchem Gewicht etwas erreicht werden soll.

Überprüfen Sie jedoch Ihre Zielvorstellungen kritisch in Hinsicht auf deren tatsächliche Erreichbarkeit. Insbesondere ist darauf zu achten, daß die Ziele als beobachtbares Verhalten formuliert werden. Also *nicht* so:

> "Die Teilnehmer sollen ein Verständnis für den Aufbau des Unternehmens XY entwickeln."

Sondern so:

> "Die Teilnehmer sollen die Organisationsstrukturen des Unternehmens XY benennen, voneinander unterscheiden und erklären können."

Die Ebene der Teilthemen

❑ Hier tragen Sie die verschiedenen Themen ein, die Sie im Verlauf des Seminars mit Ihren Teilnehmern erarbeiten wollen.

Bei der Festlegung der Teilthemen haben Sie die wichtige Entscheidung zu treffen, welche der Inhaltsbausteine so wichtig sind, daß sie tatsächlich behandelt werden müssen. Aus der Fülle der Themen, die der Lernstoff beinhaltet, kann nur ein Ausschnitt behandelt werden, wenn Sie ein lerngerechtes Seminar, in dem das aktive Lerngeschehen Ihrer Teilnehmer im Vordergrund steht, durchführen wollen (vgl. hierzu auch meine Ausführungen in Kapitel 2).

Wenngleich viele Dozenten die Notwendigkeit einsehen, Ihren Unterricht mit aktivierenden Lehr-/Lernformen zu gestalten, so wird oft mit der zu vermittelnden Stoffülle argumentiert, die es verhindert, andere Formen als den Lehrvortrag zu wählen. Dieser Haltung liegt das irrige Mißverständnis zugrunde, daß Inhalte vollständig vermittelt werden müssen, damit sie der Lernende anwenden und umsetzen kann.

Die neuere Handlungsforschung weist allerdings nach, daß handlungssteuernd nur *hochverdichtete* Wissensbestände sind. Nur sie beeinflussen den Lernprozeß der Lerner entscheidend. Solche verdichteten Wissensbestände sind z.B. typische Problemstellungen (Prototypen, Fälle, etc.), die der Lernende später für Problemlösungen heranzieht. Erst wenn z.B. das *Typische* an einer Problemstellung erkannt wird, kann die Lösung gefunden werden.

Hieraus folgt, daß Inhalte nicht nur zu reduzieren, sondern auch im Sinne des "Prototypischen", "Exemplarischen" zu verdichten sind.

Die Ebene der Lehr- und Lernmethoden

- ❑ Hier tragen Sie Ihre Überlegungen darüber ein, wie Sie den Lernstoff methodisch vermitteln wollen, so daß Ihre Teilnehmer nach dem Seminar über diejenigen Fähigkeiten verfügen, die Sie in den Lernzielen formuliert haben.

An dieser Stelle treffen Sie die wichtige Entscheidung darüber, wie Sie methodisch vorgehen wollen. Sie entscheiden darüber, was die Teilnehmer mit dem Lernstoff tun werden - Sie legen die Lernaktivitäten fest. Wichtig ist es hierbei, darauf zu achten, daß Ihre Methodenentscheidung von dem Gedanken getragen ist, daß Ihre Teilnehmer rezeptive Tätigkeiten im

Wechsel mit aktiven, expressiven Tätigkeiten vollziehen. Denn nur in einem solchen abwechslungsreichen Arrangement läßt es sich leicht, gern und zudem mit Spaß und Erfolg lernen !

Zu den Lehr-/und Sozialformen zählen Verfahren, die durch spezielle Lehr- und Lernmethoden konkretisiert werden. Meine Vorschläge, die Gegenstand dieses Buches sind, habe ich in die folgende Auflistung bereits aufgenommen:

- ***Dozentenzentrierte Verfahren:***

  Dozenten-Vortrag
  Demonstration

- ***Dozentenorientierte Verfahren:***

  darstellend-entwickelndes Lehrgespräch

- ***Teilnehmerorientierte Verfahren:***

  fragend-entwickelndes Lehrgespräch
  Unterrichtsgespräch
  Diskussion, Debatte
  angeleitete Methoden in der Großgruppe, z.B.

  Lern-Domino
  Lern-Quiz
  Analogiespiel

- ***Teilnehmerzentrierte Verfahren:***

  Arbeit in Kleingruppen (arbeitsteilig/arbeitsgleich), z.B.
  Assoziationsrunde
  Lern-Quiz
  Lern-Skizze
  Lern-Slogan
  Aktives Strukturieren

Partnerarbeit, z.B.

- Lern-Partner
- Assoziations-Interpretation
- Aktives Strukturieren
- Partner-Patience

Einzelarbeit (Selbststudium), z.B.

- Lern-Skizze
- Lern-Patience
- Lern-Slogan
- Lern-Stop

Rollenspiel, Planspiel, Fallstudie, Praktikum

Die Ebene der unterrichtlichen Medien

❑ Auf der Ebene der unterrichtlichen Medien ist zu entscheiden, mit welchem zentralen Medium Sie in der jeweiligen Phase des Seminars arbeiten wollen.

In Phasen, in denen Sie einen Inhalt darstellen wollen, greifen Sie auf ein "Instruktionsmedium" zurück: z.B. Tafelbild, Metaplan-Plakat, Video-Film, Dia-Projektion, Skizze auf dem OH-Projektor, Informationstext etc.

In Phasen, in denen es Ihnen mehr um die aktive Verarbeitung der Inhalte seitens der Teilnehmer ankommt, setzen Sie ein "Arbeitshilfe"-Medium ein: z.B. die Seminarunterlage der Teilnehmer, ein Arbeitsblatt etc.

Wichtig ist hierbei, daß Sie in jeder Phase möglichst nur ein einziges Medium vorsehen ! Denn: das jeweilige Medium "trägt" die Lehr- oder Sozialform. Die Teilnehmer erleben den Wechsel der Methoden dadurch umso einschneidender und damit dramaturgischer.

Zum anderen sollten Sie den bekannten "Medienzirkus" (= Medieneinsatz um der Medien willen; zuviele Medien) und die "Folienschleuder" (= eine Folie nach der anderen; gleiches gilt selbstverständlich auch für den übermäßigen Gebrauch der anderen Medien!) unbedingt vermeiden !

Die Ebene der Lernaktivität

- ☐ In dieser Spalte tragen Sie bitte ein, ob die gewählte Methode eher als "aktiv" oder als "passiv" (aus der Sicht der Lerner) bezeichnet werden kann.

Verwenden Sie am besten die folgenden Abkürzungen:

a = aktiv
p = passiv
a/p = Mischform (aktiv/passiv)

Wenngleich der Eintrag der Lernaktivität nicht zwingend ist, so hilft er Ihnen doch, den Verlauf des Seminars - oder anders ausgedrückt: die Schichten des Lehr- und Lern-Sandwichs - transparent zu machen.

Die Ebene der Zeitplanung

- ☐ Letztlich ist die Vorstellung des zeitlichen Ablaufs Ihrer Seminarphasen von wesentlicher Bedeutung. Schätzen Sie hier ein, wieviel Zeit Sie für die einzelnen Schritte benötigen (Angabe in 5-Minuten-Einheiten).

Bei der Zeitfestlegung denken Sie bitte daran, daß Sie für Phasen, in denen Kommunikation und teilnehmer-zentrierte Arbeit im Vordergrund stehen, i.d.R. mehr Zeit vorsehen sollten (mind. 30 Minuten) als in dozenten-zentrierten bzw. dozenten-orientierten Phasen (max. 30 Minuten).

Abschließend ein Beispiel für einen Seminarverlauf in Form einer solchen Verlaufsskizze. Dargestellt ist ein Ausschnitt eines meiner Seminare zum Thema "Überzeugend Präsentieren".

Ziele	Themen	Medien	Lehr- u. Lern-methoden	Lern-aktivität	Zeit	
Tn. kennen den Ablauf u. Personen (Namen)	Begrüßung Vorstellung Organisato-risches	Metaplan	Gespräch mit integriertem Einzelvortrag	a / p	20 Min	*Einstieg*
Tn. erkennen Probleme ei-ner schlecht vorbereiteten Präsentation	Häufige Fehler beim Präsentieren	Overhead-Folie	Lehrvortrag mit Teilneh-mer/Dozen-ten-Rollen-spiel	p	20 Min	*Phase 1*
Tn. finden notwendige Elemente für die richtige Vorbereitung	Elemente der Vorbereitung einer Präsen-tation	Leittext	Gruppen-puzzle	a	30 Min	*Phase 2*
Tn. können Phasen der Vorbereitung unterscheiden	Schritte der Vorbereitung einer Präsen-tation	Film	Präsentation	p	10 Min	*Phase 3*

Abb. 3: Beispiel für eine Verlaufsskizze (Ausschnitt).

2. Das Stoffmengen-Problem

Wenn es richtig ist, daß nur solche Prozesse des Lehrens effektiv sind, die zum aktiven Verarbeiten von Informationen anregen, dann entsteht daraus ein folgenschweres Problem: Zum aktiven Verarbeiten benötigt man nämlich gewöhnlich mehr Zeit als zum ausschließlich passiven Rezipieren - man "schafft" den Stoff nicht.

Das Problem besteht also darin, daß nicht genügend Zeit zur Verfügung steht bzw. daß die vorgegebene Stoffmenge zu groß ist; es wird unter dem Terminus "Stoffmengen-Problem" geführt.

In diesem Kapitel werde ich einen Weg zur Lösung des Stoffmengen-Problems aufzeigen. Zunächst soll aber eine Unterscheidung von Lernstoffen vollzogen werden, um diejenigen Lernstoffe hervorzuheben, bei denen sich das Stoffmengen-Problem in einer besonders dringlichen Form stellt.

Diesem Kapitel ist ein Exkurs zur Klassifikation von Lernstoffen angeschlossen, in dem eine weitere interessante Einteilung vorgenommen wird.

2.1 Bei welchen Lernstoffen stellt sich das Stoffmengen-Problem?

Unter der Leitidee des aktiven Verarbeitens von Informationen sollen hier zwei Organisationsformen von Lernstoffen vorgestellt werden:

a.) der "isolierte" Lernstoff und

b.) der "übervollständige" Lernstoff.

Ich habe diese beiden Organisationsformen gewählt, weil sich mit ihnen spezifische Probleme in bezug auf ihre Vermittlung verbinden. Doch zunächst sollen beide Organisationsformen ein wenig näher erläutert werden:

Zu a) Als "isolierten" Lernstoff bezeichne ich einen Lernstoff, der in sich keine zusammenhängende Gestalt aufweist und gleichzeitig keine oder wenig Assoziationen (zu bekannten Dingen) erlaubt.[4]

Beispiel: Die Vokabeln einer (nicht beherrschten) Fremdsprache sind i. d. R. recht assoziationsarm.

Bei "isolierten" Lernstoffen steht man vor der Aufgabe, assoziative Verknüpfungen herzustellen bzw. den Lernstoff in eine assoziative Struktur einzupassen. Aus den "isolierten" Lernstoffen müssen also "assoziative" Lernstoffe werden (s. Abb. 4), um ein sinnloses Auswendiglernen zu vermeiden.

Zu b) Als "übervollständigen" Lernstoff bezeichne ich einen Lernstoff, der sehr viele Details enthält und dabei einen recht beachtlichen Umfang angenommen hat. Die Bezeichnung "übervollständig" soll dies in überspitzter Form zum Ausdruck bringen.

Beispiel: Sämtliche Befehle des Betriebssystems DOS stellen für die allermeisten Anfänger sicherlich ein "übervollständiges" Wissen dar.

---

[4] Selbstverständlich sind die Voraussetzungen zur Herstellung von Assoziationen von Lerner zu Lerner unterschiedlich. Darauf wird hier aber nicht speziell eingegangen.

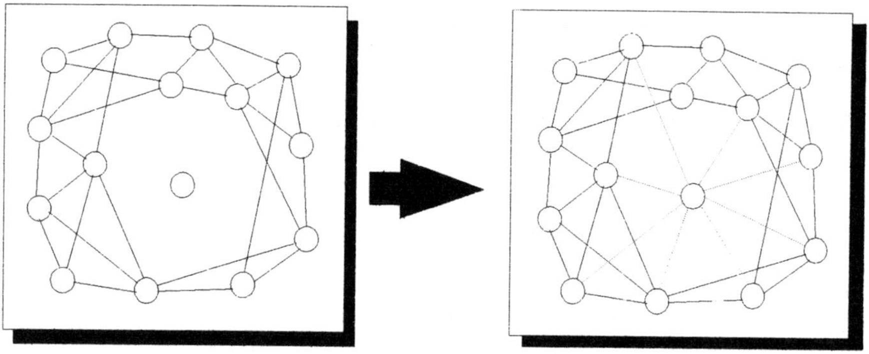

Abb. 4: Umwandlung eines "isolierten" Lernstoffs in einen "assoziativen" Lernstoff

Bei "übervollständigen" Lernstoffen stellt sich eine andere Aufgabe. Hier müssen aus der Vielzahl der fachlichen Einzelheiten diejenigen ausgewählt werden, die wirklich wichtig sind. Nur unter dieser Voraussetzung ist ein aktives Lernen möglich.

Aus den "übervollständigen" Lernstoffen müssen also "reduzierte" Lernstoffe werden (s. Abb. 5), um das Stoffmengen-Problem zu lösen.

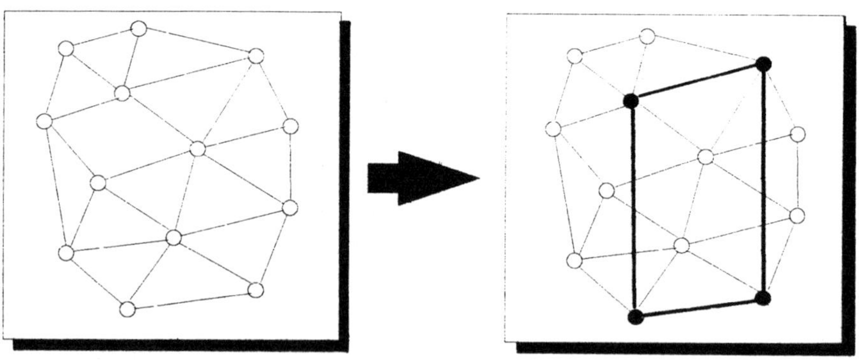

Abb. 5: Umwandlung eines "übervollständigen" Lernstoffs in einen "reduzierten" Lernstoff

2.2 Wie kann man das Stoffmengen-Problem lösen? Oder: Die (unendliche) Reduktion

Die Absicht, Lerninhalte mit interessanten und aktivierenden Lernmethoden vermitteln zu wollen, wird von den allermeisten Dozenten als richtig und lobenswert eingeschätzt. Bei dem Versuch der Umsetzung dieser Absicht stößt man allerdings häufig auf ein Problem, das wohl mit Fug und Recht als das zentrale Problem bei fachlichen Schulungen bezeichnet werden kann: das *Stoffmengen-Problem*.

Darunter ist folgendes zu verstehen: Viele Dozenten meinen, ihr Wissen in möglichst vollständiger Weise den Lernern vermitteln zu müssen. Die Betonung liegt dabei auf *vollständig*. Diese Einstellung kommt in den Aussagen der Dozenten sehr deutlich zum Ausdruck, wenn es da heißt, man sei nicht "durch" mit dem Stoff, man habe nicht alles "geschafft" bzw. "rübergebracht".

Dieser "Vollständigkeitswahn" stellt ein großes didaktisches Problem dar. Dabei beruht alles auf einem mindestens genauso großen Mißverständnis, das klar wird, wenn man sich die Begründung für das "vollständige Lehren" aus Sicht eines Dozenten vor Augen führt:

"Ich bin Dozent, weil ich Fachmann auf meinem Gebiet bin. Fachmann bin ich, weil ich über ein großes Wissen verfüge. Da ich Dozent bin, weil ich über ein großes Wissen verfüge, muß ich versuchen, dieses Wissen möglichst vollständig an die Lerner weiterzugeben."

Falsch, falsch, falsch! Der Fachmann ist ein solcher, weil er als einziger weiß, was wichtig ist und was nicht. Deshalb besteht seine vorrangige Aufgabe darin, jene Dinge zu lehren, die wirklich wichtig und wesentlich sind.

Die Idee

Aus der Sichtweise, die hier vertreten wird, handelt es sich eigentlich weniger um ein "Stoffmengen-Problem", sondern vielmehr um ein Problem der didaktischen Aufbereitung des Lernstoffes.

Reduktion heißt das "Zauberwort".

Reduktion auf Wesentliches, Reduktion auf Wichtiges.

Das Prinzip der Reduktion läßt sich am besten an einem praktischen Beispiel verdeutlichen.

Beispiel: Seminar "Kognitive Psychologie"

Angenommen, Sie sind ein Spezialist / Fachmann für kognitive Psychologie. Also verfügen Sie über ein sehr großes Wissen in diesem Bereich.

Dieses Wissen befindet sich in einer gewissen Ordnung. Ich gehe jetzt einmal davon aus, daß Ihr Wissen etwa so geordnet ist wie ein Standardwerk der kognitiven Psychologie. Dieses Standardwerk trägt den Titel "Kognitive Psychologie" und ist von dem Amerikaner John R. Anderson verfaßt.

Das (bereits wesentlich gekürzte) Inhaltsverzeichnis dieses Buches sieht folgendermaßen aus:

1. Die Wissenschaft der Kognition

- Beweggründe
- Die Geschichte der kognitiven Psychologie
- Die Methoden der kognitiven Psychologie

2. Die neuronalen Grundlagen der Kognition

- Das Nervensystem
- Der Aufbau des Gehirns
- Das visuelle System
- Die Arbeiten von David Marr

3. Wahrnehmung und Aufmerksamkeit

- Sensorisches Gedächtnis
- Aufmerksamkeit und sensorische Informationsverarbeitung
- Mustererkennen
- Gestaltgesetze der Organisation
- Aufmerksamkeit und Mustererkennen
- Der Kontext beim Mustererkennen

4. Wahrnehmungsmäßige Wissensrepräsentation

- Räumliche und lineare Repräsentationen
- Bildhafte Vorstellungen
- Mentale Rotation
- Weitere Transformationen und Operationen mit Vorstellungsbildern
- Interferenzen beim Bildprüfen
- Vergleich zwischen analogen Quantitäten
- Vorstellungsbilder versus "Bilder im Kopf"
- Die hierarchische Struktur von Vorstellungsbildern
- Lineare Ordnungen
- Hierarchische Kodierung von Ordnungen
- Beurteilungen linearer Rangordnungen

5. Bedeutungsmäßige Wissensrepräsentation

- Das verbale Gedächtnis
- Das visuelle Gedächtnis
- Die Behaltensleistung bei wahrnehmungsmäßigem und bedeutungsmäßigem Wissen
- Propositionale Repräsentationen
- Propositionale Netzwerke
- Schemata
- Ereignisschemata

6. Das menschliche Gedächtnis: Grundlegende Konzepte und Prinzipien

- Das erste Gedächtnisexperiment
- Das Kurzzeitgedächtnis
- Das Langzeitgedächtnis
- Aktivierungsausbreitung
- Interferenz
- Reproduzieren versus Wiedererkennen
- Spurenzerfall beim Vergessen

7. Elaboration und Rekonstruktion des Gedächtnisses

- Elaborationen und deren Netzwerkrepräsentationen
- Der Elaborationsgrad der Verarbeitung
- Reproduktion durch schlußfolgernde Rekonstruktion
- Die Interaktion von Elaborationen und schlußfolgernder Repräsentation
- Organisation und Reproduktion
- Der Einfluß des Kodierungskontextes
- Die PQ4R-Methode

8. Problemlösen

- Prozedurales Wissen und Problemlösen
- Der Problemraum
- Allgemeine Methoden des Problemlösens
- Die Methode der Unterschiedsreduktion
- Die Mittel-Ziel-Analyse
- Rückwärtssuche
- Problemlösen durch Analogien
- Produktionssysteme: Ein allgemeiner Formalismus beim Problemlösen
- Repräsentation
- Einstellungseffekte

9. Die Entwicklung von Sachkenntnis

- Phasen beim Erwerb von Fertigkeiten
- Faktoren, die die Übung beeinflussen
- Sachkenntnis in Schachspielen
- Geometrie
- Physik
- Problemrepräsentation und Computerprogrammierung

10. Schlußfolgerndes Denken

- Logik und schlußfolgerndes Denken
- Deduktives Schließen
- Konditionales Schließen
- Schlußfolgerndes Denken über Quantoren
- Induktives Schließen
- Hypothesenbildung
- Hypothesenprüfung
- Wahrscheinlichkeitsabschätzungen

11. Sprache: Eine Übersicht

- Die Sprachstruktur
- Formale Grammatikstrukturen
- Die Beziehung zwischen Sprache und Denken
- Sprache - eine spezifisch menschliche Fähigkeit
- Sprache - eine spezifisch kognitive Fähigkeit

12. Sprachverstehen

- Die syntaktische Analyse (Parsing)
- Semantische Aspekte
- Verwendung
- Textstruktur
- Lesen

13. Sprachproduktion

- Phasen der Sprachproduktion
- Konstruktion
- Transformation
- Die Beziehung zwischen Konstruktion und Transformation
- Schreiben

14. Kognitive Entwicklung

- Die Entwicklungsstufen nach Piaget
- Was entwickelt sich?
- Analyse zur Informationsverarbeitung bei Piagets Aufgaben
- Theorien zur Gedächtniskapazität
- Die Entwicklung von Substraktionsfertigkeiten

Es besteht wohl kein Zweifel, daß es sich bei diesem auf eine spezifische Weise geordneten Wissen um das Wissen eines Experten / Fachmanns handelt.

Ein Laie, der mit diesem Fachgebiet nicht vertraut ist, erstarrt wahrscheinlich vor Ehrfurcht. Würde man ihm sagen, daß es sich hierbei "nur" um "Eine Einführung" handelt - so lautet nämlich der Untertitel des Buches von Anderson -, wäre er sicherlich gänzlich erschlagen.

Was muß nun aber geschehen, damit dieser Lernstoff lernergerecht aufbereitet werden kann?

Zunächst müssen die Voraussetzungen geklärt werden:

- Mit welcher Zielgruppe hat man es zu tun? Welche Vorkenntnisse haben die Lerner?
- Was für ein zeitlicher Rahmen ist vorgegeben?
- Welche Lernziele sollen erreicht werden ?

Für dieses Beispiel legen wir die Voraussetzungen wie folgt fest:

Zielgruppe und *Vorkenntnisse*: Bei den Seminarteilnehmern handelt es sich überwiegend um Dozenten (also um keine Fachleute). Mit dem Lernstoff haben einige Teilnehmer bereits erste praktische Erfahrungen sammeln können, da sie ihren Unterricht nach einer lernpsychologisch ausgerichteten Didaktik vorbereitet haben.

Zeitrahmen: Es stehen zwei Seminartage zur Verfügung.

Seminarziel: Die Lerner sollen kognitionspsychologische Grundelemente kennen und in Hinblick auf die Gestaltung von Lehr- und Lern-Prozessen gewinnbringend umsetzen können.

Nach der Klärung der Voraussetzungen und der Festlegung der Lernziele erfolgt die Reduktion in drei Schritten (Abb. 6):

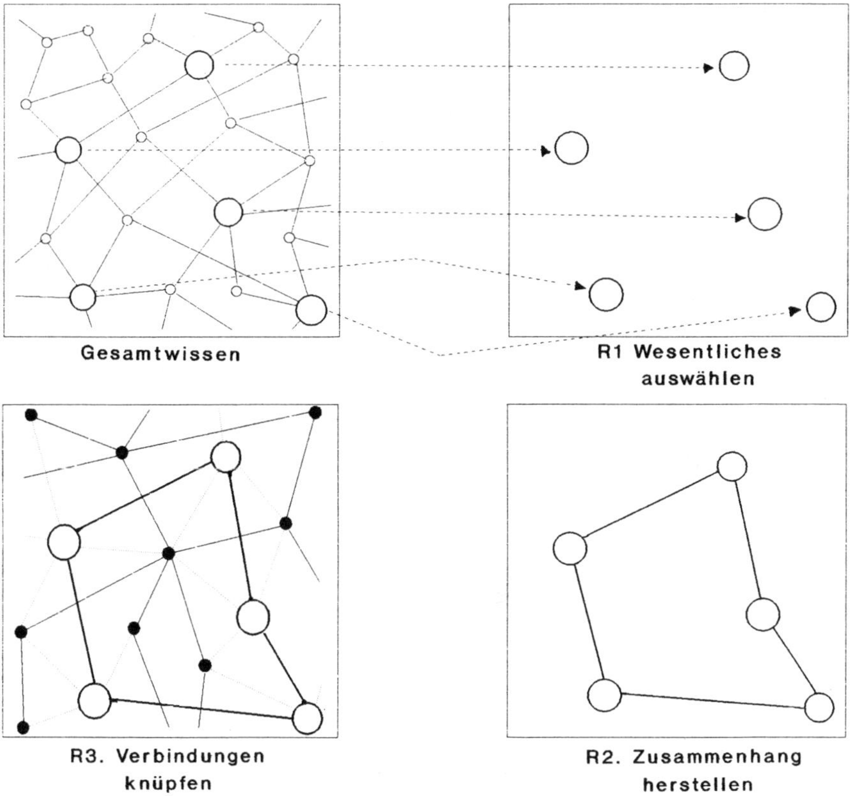

Abb. 6: Die (didaktische) Reduktion.

R1) **Wesentliches** muß von Unwesentlichem getrennt werden;

R2) die wesentlichen Lernpunkte müssen in einen **Zusammenhang** gestellt werden;

R3) **Assoziationen** müssen geknüpft werden.

Wie muß nun diese Aufteilung in Wesentliches und Unwesentliches erfolgen? Es wäre denkbar, aus der obigen Liste einzelne Punkte, die weniger wichtig erscheinen, wegzustreichen. Dieser Ansatz führt in der Regel nicht zum Erfolg, da die Stoffmenge nur sehr unwesentlich reduziert wird.

Stattdessen müssen diejenigen Lernpunkte ausgewählt werden, die (unter Berücksichtigung der Voraussetzungen) als unverzichtbar, also als wesentlich erscheinen. Desweiteren dürfen nicht mehr Lernpunkte ausgewählt werden, als auch aktiv verarbeitet (d. h. gelernt) werden können.

R1 - Wesentliches herausarbeiten: Ausgewählt werden die folgenden Abschnitte, die der Einfachheit halber als identisch mit den jeweiligen Lernpunkten angesehen werden:

<u>Kapitel 4:</u>

Abschnitt: Räumliche und lineare Repräsentationen

<u>Kapitel 5:</u>

Abschnitt: Das verbale Gedächtnis
Abschnitt: Das visuelle Gedächtnis
Abschnitt: Die Behaltensleistung bei wahrnehmungsmäßigem und bedeutungsmäßigem Wissen

<u>Kapitel 6:</u>

Abschnitt: Das Kurzzeitgedächtnis
Abschnitt: Das Langzeitgedächtnis

Ich höre schon viele Fachleute sagen: "Na, das ist aber ein bißchen wenig Stoff für zwei Tage, da können Sie ruhig noch mehr hineinpacken!" Und wieder muß ich dem entgegenhalten: Wenn es stimmt, daß ein Lernstoff nur dann "richtig" gelernt ist, wenn er möglichst *aktiv verarbeitet* wird, dann reichen die von mir (und damit natürlich subjektiv) ausgewählten Lernpunkte vollständig aus. Ganz im Gegenteil sogar: In der zur Verfügung stehenden Zeit von zwei Tagen muß sehr intensiv gearbeitet und gelernt werden, um die Lernziele zu erreichen.

Jetzt ist es ratsam, die einzelnen Lernpunkte deutlich zu markieren und darauf zu achten, daß sie in einem nachvollziehbaren Zusammenhang stehen.

R2 - Zusammenhang herstellen: Ich sehe drei Lernpunkte:

A. Verbale und visuelle Informationsspeicherung
(Informationen speichern in Wort und Bild)

B. Wahrnehmung und Bedeutung
(Bedeutungsmäßiges Lernen ist effektiver)

C. Die Gedächtnisstufen
(Informationen auf dem Weg vom sensorischen Speicher zum Langzeit-Gedächtnis)

Zwischen den drei Lernpunkten läßt sich der folgende Sinnzusammenhang herstellen:

Zu A) Zunächst werden zwei grundsätzlich verschiedene Arten der Speicherung von Informationen vorgestellt. Vereinfacht gesagt, können Informationen sowohl in sprachlicher Form als auch in bildlicher Form gespeichert werden. Eine derartige Informationsspeicherung ist sehr eng an die menschliche Wahrnehmung gebunden.

Zu B) Eine Loslösung von der Wahrnehmung kann dann erfolgen, wenn die Informationen mehr nach ihrer Bedeutung gespeichert werden. Diese Art der Speicherung ist effektiver und hat langfristigere Behaltensleistungen zur Folge.

Zu C) Die Unterscheidung nach einer stärker wahrnehmungsmäßigen und einer stärker bedeutungsmäßigen Repräsentation findet sich in dem Modell der Gedächtnisstufen zum Teil wieder. Der wahrnehmungsmäßigen Repräsentation im sensorischen Speicher entspricht die größtenteils bedeutungsmäßige Repräsentation im Langzeitgedächtnis.

Nun folgt der letzte Reduktionsschritt:

R3 - Assoziationen bilden: Am Ende stehen vielfältige Verknüpfungen zu bekannten Sachverhalten. Pro Lernpunkt soll ein Beispiel genannt werden.

<u>Zu A)</u> Die visuelle Informationsspeicherung läßt sich an der Erfahrung vieler Menschen verdeutlichen, daß diese - obgleich sie den zu erinnernden Sachverhalt vergessen haben - noch genau wissen, daß sie die betreffenden Informationen auf der rechten oberen Seite eines Buches finden.

<u>Zu B)</u> Die Unterscheidung von Wahrnehmungs- und Bedeutungsrepräsentation läßt sich an der Tatsache verdeutlichen, daß man nicht die einzelnen Sätze der täglichen Nachrichten behält, sondern deren Inhalt.

<u>Zu C)</u> Auf die Unterscheidung der Gedächtnisstufen kann hingewiesen werden, wenn man die Grenzen der Merkfähigkeit beim Erinnern einer Telefonnummer anspricht. Ist das Telefonbuch zugeschlagen, so ist die Nummer in manchen Fällen bereits wieder vergessen.

Nach der Durchführung der drei Reduktionsschritte folgt die Aufstellung einer Verlaufsskizze in Spaltenform. In der Minimalform sollten die Bereiche

- Zeitplanung
- Teilthemen
- Lehr- und Lernmethoden
- Lernaktivität

berücksichtigt werden. Eine Ergänzung um andere Bereiche (Ziele, Medien) ist selbstverständlich möglich.

Für unser Beispiel "Kognitive Psychologie" habe ich die folgende Verlaufsstruktur gewählt. Sie ist nach dem Sandwich-Prinzip aufgebaut und enthält aktive und passive Lernphasen etwa im Verhältnis 2:1.

Verlaufsskizze

Zeit	Inhalt	Lern-aktivität	Methode
30'	Ablauf, Bedarfsabfrage	P / A	Kartenabfrage
30'	Der Lernbegriff im Wandel	P	Lehrgespräch
60'	-----------"-----------	A	Aktives Strukturieren
30'	Lernen und Visualisieren	P	Arbeit mit Info-Texten
60'	-----------"----------	A	Partnerarbeit
20'	Techniken der Visualisierung	P	Lehrvortrag/ Demonstration
40'	-----------"--------------	A	Übung in Kleingruppen
90'	Lehrprobe 1	A	Simulation
10'	Wiederholung	A	Lernpartner
20'	Wahrnehmung u. Bedeutung	P	Lehrvortrag
30'	Herstellen von Zusammenhängen	A	Gruppenarbeit (Lernskizze)
30'	Reduktion	P	Lehrvortrag
60'	----"----	A	Lern-Domino
30'	Die Gedächtnisstufen	P/A	Arbeit mit Leittexten
30'	Didaktische Konsequenzen	A	Gruppenarbeit
90'	Lehrprobe 2	A	Simulation
60'	Auswertung / Ausprache	P / A	Diskussion im Plenum

Gesamtdauer des 2-Tage-Seminars:	720 Minuten
passive Phasen:	250 Minuten
aktive Phasen:	470 Minuten

Die Vorbereitung

Zunächst müssen Fachbücher bzw. andere Unterlagen besorgt werden. Es ist außerordentlich vorteilhaft, wenn diese Unterlagen den Lernstoff in unterschiedlich ausführlicher Weise abbilden.

Anders gesagt: Ein dickes, auf Vollständigkeit angelegtes Buch sollte immer durch ein dünnes, eher auf einen Überblick angelegtes Buch ergänzt werden.

Die Vorgehensweise / Strategie

⇨ Klärung der Voraussetzungen:
  - Zielgruppe
  - Vorkenntnisse der Lerner
  - Zeitrahmen

⇨ Festlegung der Lernziele

⇨ R1: Festlegung derjenigen Lern-Bausteine, auf die unter Berücksichtigung der Voraussetzungen reduziert werden kann.[5]

  Die Lern-Bausteine sollen dabei eine verdichtete (komprimierte) Form des gesamten Lernstoffes darstellen.

  Wichtig: Bei der Auswahl muß bedacht werden, daß die Lern-Bausteine aktiv gelernt werden sollen. Es reicht nicht aus, wenn alles nur "angesprochen" wird.

⇨ R2: Die Lern-Bausteine müssen in einem nachvollziehbaren Sinnzusammenhang stehen.

⇨ R3: Die Lern-Bausteine sollen viele assoziative Verknüpfungen erlauben.

⇨ Festlegung der Verlaufsstruktur.

---

[5] Diejenigen, die ihren Lernstoff zum ersten Mal reduzieren, reduzieren am besten gleich noch einmal um die Hälfte. Die Praxis hat gezeigt, daß dies recht sinnvoll ist.

Exkurs: Eine kleine Lernstoff-Typologie

Die Fragestellung, die mit dem Stichwort "Lernstoff-Typologie" verbunden ist, kann wie folgt formuliert werden:

Gibt es eine Möglichkeit, verschiedene Lernstoffe - oder wie man auch sagen könnte: Lerngegenstände - so zu klassifizieren, daß Lernstoffe, die einander ähnlich sind, derselben Kategorie zugeordnet werden?

Die Beantwortung dieser Frage ist höchst bedeutungsvoll, denn in Seminaren erlebe ich es (als Dozent) immer wieder, daß ein Teilnehmer folgende Bemerkung macht: "Also, das ist ja tatsächlich eine sehr interessante Lernmethode, die Sie eben vorgestellt haben, aber - das können Sie nicht wissen - bei uns läßt sich diese Methode nicht anwenden! Denn wir haben es mit einer ganz anderen Art Lernstoff zu tun ..."

Vor diesem Hintergrund scheint es sinnvoll, verschiedene Lernstoffe einmal beispielhaft zu betrachten. Ohne jeden Anspruch auf Vollständigkeit kann man etwa folgende Lernstoffe bzw. Lernsituationen benennen:

Lernen der Vokabeln und Grammatik einer Sprache (z.B. Englisch, Französisch);

- Lernen des Umgangs mit einer bestimmten Anwendungssoftware (z.B. Textverarbeitung, Tabellenkalkulation);
- Lernen eines technischen Lernstoffs (z.B. Otto-Motor, Stahl-Produktion, Baukonstruktion);
- Lernen, ein Musikinstrument zu spielen (z.B. Klavier, Geige);
- Lernen der Namen von Gesprächspartnern;
- Lernen einer bestimmten philosophischen Theorie (z.B. Erkenntnistheorie von Descartes, Wissenschaftstheorie von Popper);
- Lernen des Inhalts eines Zeitungsartikels (z.B. Politik, Kultur);

- Lernen von bestimmten Verhaltensweisen (z.B. Kommunikationstechniken, Lehrverhalten);
- Lernen der Spielregeln einer Sportart (z.B. Tennis, Fußball);
- Lernen eines mathematischen Berechnungsverfahrens (z.B. Integralrechnung, Statistik);
- Lernen von Gedichten.

Zur Unterscheidung der einzelnen Lernstoffe werden wissenschaftlich verschiedene Modelle unterschieden (Begriffs- und Regellernen; semantisches und episodisches Gedächtnis; deklaratives und prozedurales Wissen), die aber für die Praxis allesamt recht wenig brauchbar sind.

Ich empfehle zur Unterscheidung der verschiedenen Lernstoffe:

Die vier Lernbereiche

- Lernbereich WOLLEN (vorwiegend motivationale Lernstoffe).
- Lernbereich WISSEN (vorwiegend kognitive Lernstoffe);
- Lernbereich FÜHLEN (vorwiegend affektive Lernstoffe);
- Lernbereich KÖNNEN (vorwiegend aktionale Lernstoffe);

In Abb. 7 sind diese vier großen Lernbereiche abgebildet.

Der *Lernbereich WOLLEN* ist von grundsätzlicher Bedeutung insofern, als hier gewissermaßen die Voraussetzung geschaffen wird, um Lernstoffe in die Praxis übertragen zu können.

Beispiele sind

- von der Richtigkeit und Angemessenheit einer Handlungsweise (z.B. dem Einsatz von Feedback-Techniken) überzeugt sein;
- von der Bedeutung einer bestimmten Sache (z.B. der Solarenergie-Technik) überzeugt sein etc.

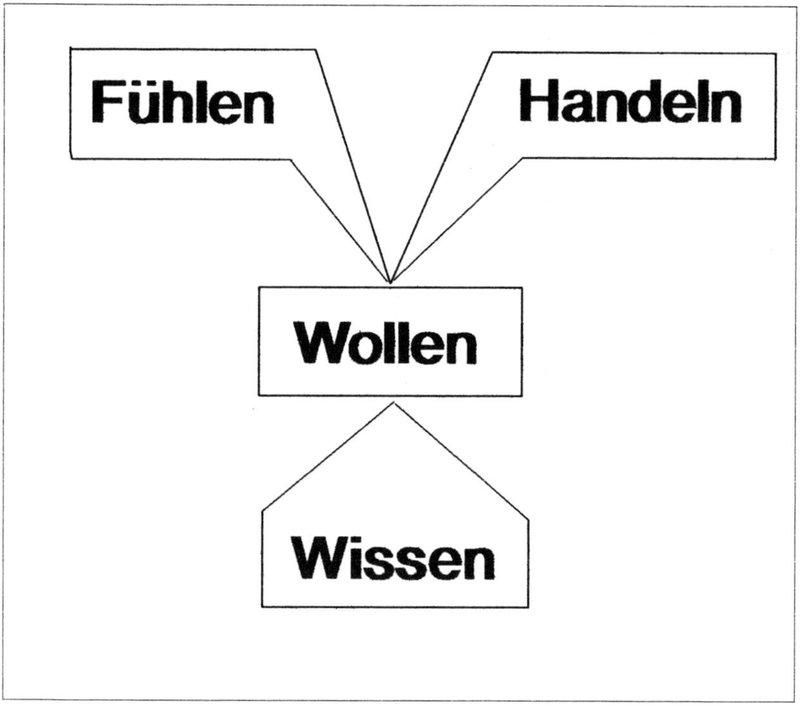

Abb. 7: Die vier Lernbereiche.

Die meisten der genannten Lernstoffe sind dem *Lernbereich WISSEN* zuzuordnen. Dies ist auch jener Lernbereich, der in den sogenannten fachlichen Schulungen angesprochen wird.

Beispiele sind

- das Lernen von Englisch-Vokabeln;

- das Lernen der Funktionsweise des Otto-Motors;

- das Lernen eines Kommunikationsmodells etc.

Der *Lernbereich FÜHLEN* ist einerseits angesprochen, wenn es um die gefühlsmäßige Bewertung von Sachverhalten geht. Andererseits werden auch die Kontakte zu anderen Personen diesem Bereich zugeordnet.

Beispiele sind

- das Verhalten von Menschen richtig einzuschätzen lernen;
- verschiedene Interpretationen eines musikalischen Werkes einzuschätzen lernen etc.

Der *Lernbereich KÖNNEN* umfaßt alle Lernstoffe, die sich wesentlich auf das Verhalten von Menschen beziehen.

Beispiele sind

- die Gestaltung von Medien für den Unterricht lernen;
- das aktive Zuhören beim Gespräch lernen;
- eine Tonleiter auf dem Klavier fließend spielen lernen etc.

Die Unterteilung der Lernstoffe in diese vier Bereiche ist u.a. deshalb von so großer Bedeutung, weil sie in der Praxis immer wieder verwechselt werden.

So ist häufig zu beobachten, daß viele Lerner die Bereiche *WISSEN* und *KÖNNEN* nicht sauber auseinanderhalten. Wenn jemand *weiß*, welche Phasen es bei Gruppenarbeiten gibt und welche Dinge dabei beachtet werden müssen, so heißt das noch lange nicht, daß er auch Gruppenarbeiten praktisch anleiten kann. Er weiß eben, was zu tun ist und was beachtet werden muß; er *kann* es i.d.R. aber noch lange nicht.

Der Lernbereich *WOLLEN* ist den anderen Bereichen in einer gewissen Art und Weise vorgeordnet. Verfügt ein Lerner nämlich nicht über die entsprechende Grundmotivation zum Lernen bestimmter Dinge - weil er sich beispielsweise partout nicht ändern will -, so besteht nur geringe Hoffnung auf einen Lernerfolg.

3. Lernpfade - oder: Wie geben Sie Orientierungshilfe im Lernfeld ?

Zu Beginn eines guten Referates wird der Redner sein Thema nennen, seinem Auditorium die Ziele bekanntgeben, die er verfolgt, und letztlich den Ablauf seiner Rede offenlegen. Er wird für Transparenz sorgen und Übersicht ermöglichen. Der Zuhörer soll den Gedanken besser folgen können, den Redeaufbau nachvollziehen können und den Schlußfolgerungen letztlich zustimmen.

Wie in einem guten Referat liegen auch in Lernprozessen Übersicht und Lernerfolg eng zusammen. Das menschliche Gehirn organisiert sein Wissen in Schemata bzw. in Modellen als Abbilder der Wirklichkeit. Es legt "kognitive Landkarten" an, um die Vielfalt der bereits vorhandenen Informationen zu ordnen, zu strukturieren und erinnerbar zu machen. Bereits zu Beginn des Lernprozesses sind die mentalen Pläne also zu formieren, sind die Pfade zu legen, um neuen Lernstoff aufnehmen zu können.

Mit der Lern-Landkarte und den beiden Lern-Leitsystemen "Frage" bzw. "Aussage" möchte ich Ihnen sehr hilfreiche Techniken beschreiben, mit denen Sie Ihren Lernern auf einfache, aber sehr effektive Weise Orientierung im Lernfeld geben können.

3.1 Lern-Landkarte

Lern-Landkarten[6] sind eine Möglichkeit, vielfältige Informationen in einer übersichtlichen Art und Weise darzustellen. Mit den Lern-Landkarten verbindet sich also eine Intention besonders stark: dem Lerner einen Überblick über den zu behandelnden Lernstoff zu vermitteln.

Die Idee

Die zentrale Idee bei der Verwendung von Lern-Landkarten besteht darin, das Wissen bzw. die Informationen in einer sinnvollen Weise zu organisieren. D. h., daß inhaltlich bzw. fachlich zusammengehörende Informationen auch in einem Informationsblock zusammengefaßt werden.

Die Idee läßt sich noch verdeutlichen, wenn man einmal sagt, in welcher Weise das Wissen *nicht* organisiert bzw. strukturiert sein soll. Das Wissen darf *nicht* in einer Form aufbereitet sein, die sich nur als didaktisch zweckmäßig erweist. "Vom Leichten zum Schweren" ist kein fachliches Ordnungskriterium.

Sehr häufig sind Inhaltsverzeichnisse von Büchern (und damit natürlich auch die Bücher selbst) so aufgebaut, daß sie "vom Leichten zum Schweren" bzw. "vom Einfachen zum Komplexen" voranschreiten. Dies ist aus didaktischen Gründen auch sinnvoll, allerdings erfüllt ein Inhaltsverzeichnis damit i. d. R. nicht mehr die Funktion der inhaltlichen Orientierung.

Wenn einer der ersten Abschnitte eines Buches den Titel "Wichtige ...." (und hier können jetzt Blumen, Gemälde oder physikalische Theorien kom-

---

[6] Vgl. auch die Ausführungen zu der Technik "Fachlandkarte" in: Döring, K.W.: Praxis der Weiterbildung. Weinheim 1991. S.124 ff.

men) trägt, dann erleichtert das sicherlich das Durcharbeiten des Buches, trägt aber nicht zu einer inhaltlich bzw. fachlichen Orientierung bei.

Eine Lern-Landkarte ist hierarchisch organisiert (Abb. 8). Sie enthält mehrere Lern-Regionen, von denen jede aus mehreren Lern-Orten besteht. Eine weitergehende Differenzierung (Lern-Häuser, Lern-Zimmer) ist möglich, dabei sollten allerdings die Voraussetzungen der Lerner bzw. deren Wissensstand angemessen berücksichtigt werden.

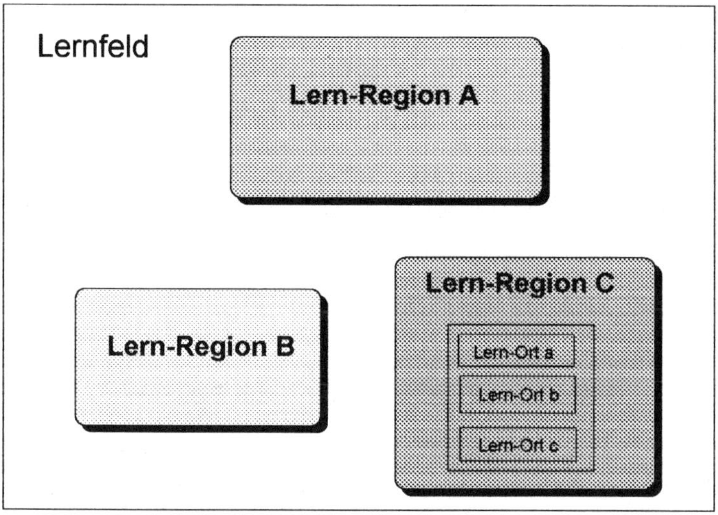

Abb. 8: Der Lernstoff als Lern-Landkarte.

Beispiel: "Betriebssystem DOS"

Ich will Ihnen nun eine Lern-Landkarte für eine Seminareinheit zum Thema "Betriebssystem DOS" vorstellen. Es versteht sich inzwischen von selbst, daß keinerlei Anspruch auf inhaltliche Vollständigkeit erhoben wird. Es handelt sich im folgenden also um eine Lern-Landkarte, die

- auf eine ganz bestimmte Lernsituation zugeschnitten ist,
- wegen ihrer rein fachlichen Struktur möglicherweise auch auf andere Situationen paßt und
- keineswegs mit einer didaktischen Verlaufsstruktur verwechselt werden darf.

Der Dozent benutzt diese Lern-Landkarte, um den Lernern vor einer Phase der Informationsaufnahme eine Orientierung zu geben bzw. um Wissen in einer Gesamtstruktur verorten zu können.

Die Lern-Landkarte "Betriebssystem DOS" enthält mehrere Lern-Regionen:

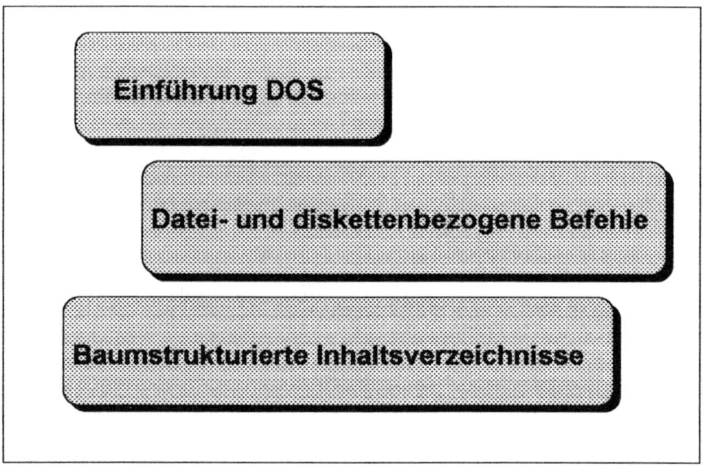

Abb. 9: Drei Lern-Regionen am Beispiel "Betriebssystem DOS".

Jede dieser drei Lern-Regionen steht für einen bestimmten fachlichen Teil der Seminareinheit. Zu Beginn des Seminars werden diese drei Lern-Regionen kurz vom Dozenten vorgestellt, um den Lernern eine Orientierungshilfe zu geben.

Bei der Vorstellung soll nicht fachlich in die Tiefe gegangen werden, sondern nur eine einfache Beschreibung der Lern-Regionen gegeben werden. So könnte man beispielsweise für die dritte Lern-Region "Baumstrukturierte Inhaltsverzeichnisse" folgende Erklärung geben:

"Es wird sich zeigen, daß es sinnvoll ist, viele Dateien so abzulegen bzw. zu speichern, daß sie leicht wiederzufinden sind. Dies läßt sich dadurch erreichen, daß man sie an unterschiedlichen Plätzen ablegt, etwa so, wie man seine Wäsche im Kleiderschrank und seine Bücher im Bücherregal ablegt." Selbstverständlich sind hier auch diverse andere Erklärungsmuster möglich.

Eine inhaltliche Differenzierung der einzelnen Lern-Regionen wird durch die Lern-Orte erreicht. Für die Lern-Region "Baumstrukturierte Inhaltsverzeichnisse" ist beispielsweise die folgende Unterteilung möglich:

Baumstrukturierte Inhaltsverzeichnisse

- MKDIR / RMDIR
- Das aktuelle Inhaltsverzeichnis (DIR / TREE / PATH)

Abb. 10: Eine Lern-Region mit ihren Lern-Orten am Beispiel "Betriebssystem DOS".

Es empfiehlt sich, die einzelnen Lern-Orte dieser Lern-Region vorzustellen, wenn diese Lern-Region bzw. Teile von ihr Lerngegenstand sind. So erhält der Lerner die Möglichkeit, die gegebenen Informationen im Gesamtzusammenhang zu verorten.

Die gesamte Lern-Landkarte mit allen Lern-Regionen und Lern-Orten sieht dann wie folgt aus:

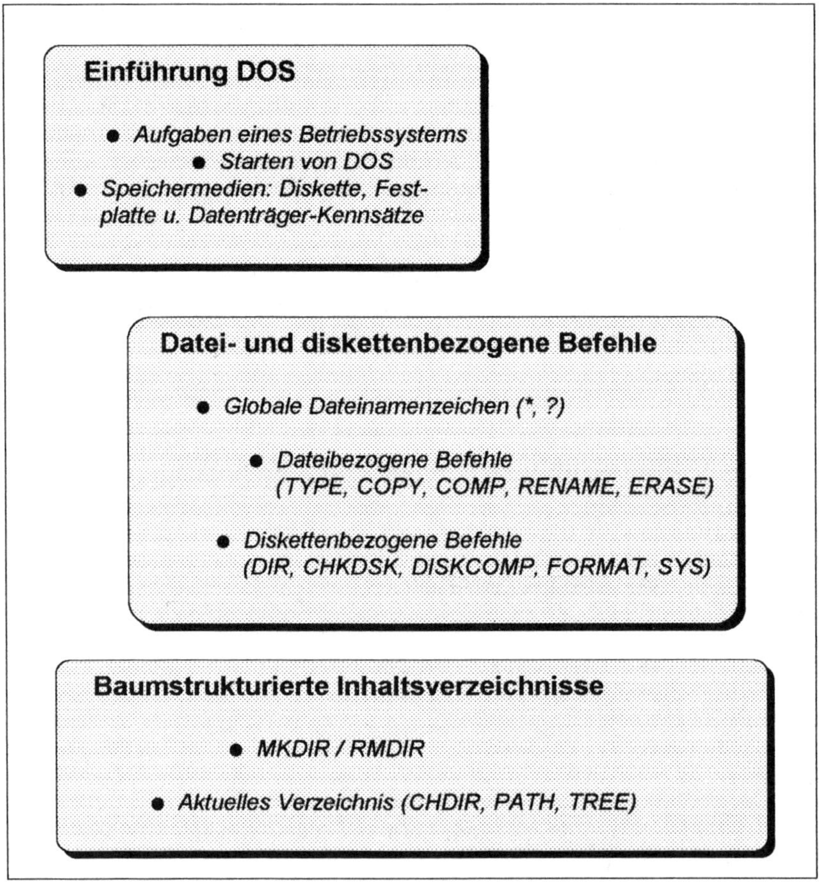

Abb. 11: Lern-Landkarte am Beispiel "Betriebssystem DOS".

Die Vorbereitung

⇨ Sofern irgendwelche schriftlichen Unterlagen als Grundlage für das Seminar herangezogen werden, sollte man sich dem Inhaltsverzeichnis bzw. der Gliederung dieser Unterlagen etwas genauer zuwenden. Informationen über die Struktur des Lernstoffes kann man diesen Übersichten teilweise entnehmen.

Es sei aber noch einmal ausdrücklich darauf hingewiesen, daß Inhaltsverzeichnisse etc. eher eine didaktische denn eine fachliche Struktur aufweisen. Dies muß unbedingt berücksichtigt werden.

⇨ Der Inhalt der schriftlichen Unterlagen sollte, sofern dies möglich ist, überflogen werden, um auch einen Überblick über die Feinstruktur des Textes zu erhalten.

Die Vorgehensweise

⇨ Bei der Erstellung der Lern-Landkarte beginnt man mit der höchsten Ebene, den Lern-Regionen, und begibt sich dann jeweils eine Ebene tiefer (dies ist also ein Top-Down-Verfahren).

3.2 Lern-Leitsysteme

In diesem Abschnitt möchte ich auf eine Möglichkeit hinweisen, Übersichten für den Lerner anschaulicher zu gestalten. Als Übersichten bezeichne ich

- Inhaltsverzeichnisse von Büchern,
- Gliederungen von Vorträgen und Berichten als auch
- gewöhnliche Übersichtsmodelle.

Diese Übersichten sind ein Ausdruck des guten Willens des Verfassers, dem Leser bzw. Lerner eine Orientierung zu geben, die ihm dabei hilft, die vorangegangenen bzw. folgenden Informationen besser zu verarbeiten.

Leider erweisen sich viele gutgemeinte Übersichten als nicht sehr wirkungsvoll, da sie

a) mit Fachbegriffen und/oder

b) mit vielen Substantiven

überladen sind. Hier soll es nun vor allem darum gehen, die "substantivierten" Übersichten verständlicher zu gestalten.

Die Idee

Es hat sich herausgestellt, daß ein Sachverhalt viel leichter verständlich und nachvollziehbar ist, wenn er in eine Frage- oder Aussageform gekleidet wird. Dieses Prinzip soll hier Anwendung finden, indem theoretisch-abstrakte Sachverhalte in Fragen bzw. Aussagen umgewandelt werden.

Eine Frage, die dem Lerner eine Orientierung verschafft, nenne ich eine *Leitfrage*.

Ein einfaches Beispiel: Wenn ein Abschnitt eines Buches zum Thema "Betriebssystem DOS" die Überschrift "Der DIR-Befehl" trägt, dann wird das sicherlich vielen Computer-Anfängern nichts sagen. Es wäre also sinnvoll, diese Überschrift (ergänzend) zu erläutern. Eine mögliche Lösung wäre beispielsweise:

- Der DIR-Befehl (oder: Wie der Inhalt von Disketten angezeigt wird)

oder aber

- Wie man sich eine Übersicht über Dateien verschafft (Der DIR-Befehl).

Zweifelsohne sind immer gewisse Grundkenntnisse erforderlich, um die gegebenen Informationen zu verstehen. Das ist unbestreitbar.

Allerdings kann es sehr wohl vermieden werden, jene Begriffe in die Übersicht zu stellen, die dort erst erklärt werden. Damit würde man jedes Inhaltsverzeichnis ad absurdum führen.

Beispiel: Ein Vortrag zum Thema "Multimedia-Systeme"

Eine typische Situation. Jemand hält einen Vortrag (Thema: Der Einsatz von Multimedia-Systemen aus lernpsychologischer Sicht) und beginnt diesen mit einem Überblick über das zu behandelnde Thema.

Er hat eine Folie vorbereitet, auf der folgendes zu lesen ist:

DER EINSATZ VON MULTIMEDIA-SYSTEMEN
AUS LERNPSYCHOLOGISCHER SICHT

1. Aspekte der Informationsübermittlung mit Multimedia-Systemen
2. Das kognitionspsychologische Paradigma der Informationsverarbeitung
3. Die Links-Rechts-Organisation des Gehirns
4. Merkmale von Multimedia-Systemen aus lernpsychologischer Sicht

Wenn man nicht gerade Fachmann auf diesem Gebiet ist, wird diese Übersicht ihren Zweck sicherlich nicht erfüllen. Anders formuliert: Ob diese Übersicht nun gezeigt wird oder nicht, bleibt ziemlich gleich.

Leitfragen können da Abhilfe schaffen:

DER EINSATZ VON MULTIMEDIA-SYSTEMEN AUS LERNPSYCHOLOGISCHER SICHT

1. Aspekte der Informationsübermittlung mit Multimedia-Systemen
   (Welche Aspekte sind bei der Informationsübermittlung mit MM-Systemen grundsätzlich zu berücksichtigen?)

2. Das kognitionspsychologische Paradigma der Informationsverarbeitung
   (Auf welche Art und Weise werden erfolgreiche Lernprozesse realisiert?)

3. Die Links-Rechts-Organisation des Gehirns
   (Müssen Ergebnisse der Hirnforschung bei der Informationsübermittlung berücksichtigt werden?)

4. Merkmale von Multimedia-Systemen aus lernpsychologischer Sicht
   (Durch welche Merkmale heben sich MM-Systeme von anderen Medien ab?)

Beispiel: Inhaltsverzeichnis "Das Schwert des Islam"

Gegenstand dieses Beispiels ist ein Sachbuch des Journalisten Peter Scholl-Latour, in dem dieser eine Darstellung und Analyse des Islam mit Bezug zur aktuellen politischen Situation Ende des Jahres 1990 (Einmarsch des Irak in Kuweit) gibt.

Sieht man einmal von Einleitung und Nachwort ab, so schaut das Inhaltsverzeichnis wie folgt aus:

Teil I Der lange Weg nach Jerusalem

Teil II Die Irrungen der arabischen Nation

Teil III Die späte Rache Khomeinis

Teil IV Der neue Tatarensturm.

Es mag sein, daß dem sachkundigen Leser diese Angaben ausreichen, um eine Orientierung über den 130 Seiten starken Hauptteil des Buches zu erhalten. Allerdings ist zu vermuten, daß diese Angaben dem Durchschnittsleser nicht genügen, um eine Vorstellung von der inhaltlichen Struktur des Buches zu bekommen.[7]

Ein Leitsystem in Aussageform kann hier Abhilfe schaffen:

Teil I Der lange Weg nach Jerusalem

(Islam, Judentum und Christentum beanspruchen Jerusalem als Heilige Stätte)

Teil II Die Irrungen der arabischen Nation

(Eine einheitliche arabische Nation hat es in der Geschichte noch nicht gegeben)

Teil III Die späte Rache Khomeinis

(Die islamische Revolution geht nach dem Tode des Ayatollah Khomeini unvermindert weiter)

Teil IV Der neue Tatarensturm.

(Der islamische Einfluß in den asiatischen Teilen der Sowjetunion wird immer größer).

---

[7] Dies ist wahrscheinlich auch weniger beabsichtigt. Das knappe Inhaltsverzeichnis soll vielmehr das Interesse der Leser wecken - und das gelingt auch vortrefflich.

4. Wichtige Lernhilfen - oder: Wie geben Sie Hilfestellung im Lernfeld ?

Kleine Tips oder einfache Techniken sind oft die größte Hilfe. Mit einer Zusammenstellung von vier wichtigen Arbeitshilfen und Techniken möchte ich Ihnen als Dozent, der Sie neben den fachlichen auch lernhelfende und beratende Aufgaben zu erfüllen haben, eine kleine Hilfe anbieten:

Mit Lern-Stops geben Sie Ihren Teilnehmern einmal Gelegenheit, "geistig Luft zu holen" - sie lassen sich mühelos in jeden Unterrichtsprozeß einfügen.

Mit der Anfertigung von Lern-Skizzen, einigen Hinweisen für den richtigen Umgang mit Lern-Texten sowie der Zusammenarbeit mit einem Lern-Larry oder einem Lern-Partner machen Sie Ihre Seminarteilnehmer mit Techniken vertraut, die von allgemeiner und weitreichender Bedeutung für jeden Lernprozeß sind.

4.1 Lern-Stops

Zu den wahrscheinlich einfachsten Methoden, mit denen Sie Ihre Seminarteilnehmer zur aktiven Denkarbeit anregen können, zählen die verschiedenen Varianten des "Lern-Stops". Ihr Einsatz empfiehlt sich besonders in dozenten-zentrierten Seminar-Phasen, in denen Sie Ihren Teilnehmern - z.B. während eines Lehr-Vortrages - neuen Lernstoff präsentieren. Der Vortrag zählt hierbei zu den kompaktesten Formen der Informationsvermittlung mit einer hohen Informationsdichte pro Zeiteinheit. Er zwingt die Zuhörer zu vorwiegend rezeptiven Tätigkeiten wie "zuhören" oder "abschreiben" und verlangt ein großes Maß an Konzentration und Aufmerksamkeit.

Bedingt durch die hohe Informationsdichte bei gleichzeitig rezeptiver Grundhaltung wird der Lernende in eine für ihn mißliche Situation gebracht: Viele Bestandteile und Zusammenhänge des für ihn neuen Lernstoffs können während des Vortrags nur schwer in das bestehende Wissen eingeordnet werden. Ein großer Teil der vom Redner dargebotenen Informationen wird sofort wieder vergessen, da während der Rede weder Zeit für verarbeitungsorientierte assoziative Gedanken-Verknüpfungen noch für strukturierende Denkprozesse verbleibt.

Nach kurzer Zeit möchten man den Vortragenden am liebsten unterbrechen und ihn bitten, doch einmal eine Zwischenzusammenfassung zu geben: Was waren denn nun die wichtigen Aspekte ? Wie hingen diese zusammen ? Worin bestand die Abhängigkeit ? Welche Abhängigkeit eigentlich ? Usw., usw. Fragen über Fragen, die Ihnen nicht beantwortet werden. Der Zuhörer hat schlichtweg kaum Zeit, einen eigenen Gedanken zu fassen...

Auch Mitschreiben gelingt nur gelegentlich - oft ärgert man sich über zwei Effekte: Entweder man schreibt nur in Stichpunkten und notiert sich Schlagworte, die einem spontan wichtig scheinen. Später ärgert man sich darüber, daß man die Zusammenhänge nicht mehr rekonstruieren und viele Schlagworte, die man noch beim Schreiben meinte verstanden zu haben, nicht mehr erklären kann. Oder aber, man versucht, sich möglichst zusammenhängende Notizen zu machen. Da man Stenographie nicht beherrscht, ärgert man sich auch bei dieser Methode: Während man noch den einen Aspekt gerade in Worte fassen möchte, ist der Dozent bereits beim übernächsten Stichpunkt angelangt, und die Aufzeichnung bleibt lükkenhaft.

In dieser ärgerlichen Lage befinden sich die Teilnehmer Ihrer Seminare immer dann, wenn Sie einen Lehrvortrag halten. Sie sind im Zwiespalt: entweder schreiben oder zuhören, beides zugleich kann nur lückenhaft gelingen.

Um ihren Teilnehmern im Unterricht Gelegenheit zu geben, sich mit dem Lernstoff aktiv auseinanderzusetzen, ist es nicht unbedingt erforderlich, methodisch aufwendige Verfahren zu praktizieren. Die aktive Auseinandersetzung beginnt bereits damit, daß Sie ihnen die Möglichkeit des "geistigen Durchatmens" geben. Dies gilt vor allem dann, wenn Sie eine dozenten-zentrierte Lehrform wie den Lehrvortrag praktizieren. Was sind nun solche Methoden des "geistigen Durchatmens", die ich hier als "Lern-Stops" bezeichnen möchte ?

Der Denk-Stop

Beim "Denk-Stop" handelt es sich um den kurzen Moment, den Sie Ihren Teilnehmern geben, um über das soeben Vorgetragene nachdenken zu können. Sie unterbrechen Ihren Lehr-Vortrag an einer geeigneten Stelle, z.B. nachdem Sie einen Teilaspekt des Themas erläutert haben, und geben den Lernenden drei bis fünf Minuten Zeit, eine der folgenden *gedanklichen* Tätigkeiten zu vollziehen:

- Gedanklich zusammenfassen: Was wurde bis jetzt gesagt ?
- Gedanklich einen Zusammenhang zum vorherigen Teilthema herstellen: Wie hängen die vorgetragenen Teilthemen zusammen ?
- Den "roten Faden" gedanklich zusammentragen: In welcher Reihenfolge wurden die einzelnen Aspekte präsentiert ?
- Fragen überlegen, die im Anschluß an den Vortrag von Ihnen oder gemeinsam mit den Teilnehmern beantwortet werden.

- Ein Beispiel für den Sachverhalt finden, das nach dem Vortrag erläutert und besprochen wird.

- Gedanklich in die Praxis übertragen: sich z.B. den Ablauf eines Vorgangs vorstellen, die möglichen Folgen eines bestimmten Vorgehens überlegen, über die Praktikabilität im eigenen Arbeitsbereich nachdenken etc.

In jeder dieser Denk-Aufgaben, die an dieser Stelle nur Anregungen für Sie darstellen sollen, muß sich der Lernende zunächst bewußt an das erinnern, was er kurz zuvor von Ihnen gehört hat. Sie ermöglichen ihm, Erinnerungsarbeit zu leisten, die als erster Schritt des aktiven Verarbeitens anzusehen ist. Hierbei

- wird er sich über noch bestehende Unklarheiten bewußt;

- wird er zum (späteren) Nachfragen angeregt;

- leistet er assoziative Verknüpfungsarbeit, indem er das Neue in eigene gedankliche Formulierungen faßt und somit leichter mit seinem Vorwissen verbinden kann;

- wird das Erfassen der Zusammenhänge unterstützt.

Der Schreib-Stop

Eine zweite, einfache Möglichkeit, die Verarbeitungsaktivität der Lernenden in solchen zunächst noch dozenten-zentrierten Unterrichtsphasen zu fördern, stellt der "Schreib-Stop" dar. Wie im Denk-Stop unterbrechen Sie auch mit dem "Schreib-Stop" für einige Minuten an einer geeigneten Stelle Ihren Lehr-Vortrag und bitten die Teilnehmer, eine der folgenden *schriftlichen* Tätigkeiten auszuführen:

- Eigene Notizen machen;

- mit eigenen Worten das zuvor Gehörte zusammenfassen und aufschreiben;

- Fragen zum zuvor Gehörten aufschreiben, die zur Grundlage für eine spätere Aufarbeitung der Vortragsinhalte werden;

- Beispiele für das zuvor Gehörte formulieren.

Auch der Schreib-Stop verlangt vom Lernenden, sich zunächst an die vorgetragenen Aspekte zu erinnern. Er gibt ihm jedoch zusätzlich die Möglichkeit, in Ruhe diejenigen Notizen zu machen, die ihm wichtig erscheinen. Hier kann der Lernende seiner individuellen Gedankenstruktur entsprechend den Lernstoff schriftlich festhalten oder - je nach Vorgabe - bearbeiten.

Der Zeichen-Stop

In dieser Stop-Variante bitten Sie die Teilnehmer um die Ausführung einer der folgenden *zeichnerisch* orientierten Aufgabenstellungen:

- Ein Mind-Map zum Vortragsthema anfertigen bzw. - im zweiten oder dritten Zeichen-Stop - ein bereits begonnenes Mind-Map vervollständigen;
- eine veranschaulichende Skizze zeichnen, in der die Elemente des zuvor gehörten Sachverhalts zusammengefaßt sind (vgl. Kapitel 4.2);
- ein Assoziationsbild erstellen, das einen zentralen Sachverhalt oder einen Begriff darstellt (vgl. Kapitel 5.2).

Der Zeichen-Stop bedingt ebenfalls zunächst die gedankliche Durchdringung des Lernstoffs. Sie erfolgt auf mindestens zwei Ebenen: einmal in Form der zusammenfassenden Erinnerung, zum zweiten in der strukturierenden Veranschaulichung oder Assoziation als Ausdruck visueller Vorstellungskraft. Hier werden wesentliche Erinnerungspunkte in Form visueller Strukturen gelegt, die als Erinnerungsschemata das Behalten der Vortragsinhalte unterstützen.

Nachdem alle Teilnehmer Ihnen signalisieren, daß es weitergehen kann, fahren Sie mit Ihrem Vortrag fort. Für die Entscheidung, wann Sie einen der beschriebenen Stops einlegen, gibt es sicherlich keine Regel. Es bietet sich allerdings an, sie jeweils am Ende der einzelnen Teilthemen Ihres Vortrags einzulegen, auf jeden Fall jedoch, wenn es um einen sehr wichtigen Aspekt des Lernstoffs geht. Wenn Ihr Lehr-Vortrag eine Länge von beispielsweise zwanzig Minuten aufweist, sollten Sie ruhig zwei bis drei Lern-Stops einbauen. Daß nach dem Vortrag im Sinne des Informationsverarbeitungs-Sandwichs eine Verarbeitungsphase folgen muß, in der nicht nur die Vortragsinhalte aufgearbeitet werden, sondern auch die Lern-Stops thematisiert werden müssen, bedarf hier sicher keiner weiteren Erläuterung.

Es empfiehlt sich, die Teilnehmer darauf hinzuweisen, daß es sich bei den schriftlichen Notizen sowie den zeichnerischen Aufgaben um kurze Stichworte bzw. Skizzen handeln sollte und nicht um lange Texte oder kunstvoll gestaltete Zeichnungen. Die Bearbeitungszeiten könnten sonst u.U. zu sehr variieren.

Sie werden beobachten, daß jeder Ihrer Teilnehmer sofort von diesen Möglichkeiten, die Sie ihm durch die Lern-Stops geben, Gebrauch machen wird. Jeder Teilnehmer besitzt sein eigenes Lernprofil, das u.a. von seinen spezifischen Lerngewohnheiten bestimmt ist. Mit Lern-Stops wird den einzelnen individuellen Lerntypen mit ihren je eigenen Denk- und Lernstrukturen voll entsprochen.

4.2 Lern-Skizze

Die Anfertigung von Lern-Skizzen gehört zu den sehr effektiven Visualisierungs- und Strukturierungshilfen, die den Lernerfolg erheblich steigern helfen. Sie erfüllen die Forderung nach dualer Informationsverarbeitung in Lernprozessen (vgl. auch Abschnitt 6.1).

Bei der Aneignung von Informationen werden generalisierte Schemata als mentale Modelle im Gedächtnis angelegt. Solche Schemata werden erlernt und sind eine der wesentlichen Grundlagen für das Denken und Handeln. Schemata zu ein und demselben Sachverhalt können von Mensch zu Mensch sehr unterschiedlich ausgeprägt sein (vgl. hierzu auch Abschnitt 6.3).

Lern-Skizzen sind nun nichts anderes als einfache Schema-Zeichnungen. Im Gegensatz zu den ungegenständlichen Vorstellungsbildern (vgl. Abschnitt 5.2) können Schema-Zeichnungen neben graphischen Symbolen und geometrischen Formen auch gegenständliche Darstellungen beinhalten. Sie eignen sich hervorragend, um

- Sachverhalte vollends zu durchdringen und zu verstehen,
- Informationen zusammenzufassen,
- Lernstoffe übersichtlich darzustellen und die Zusammenhänge sowie die Struktur der Inhalte offenzulegen,
- sich den Lernstoff leichter einprägen und später besser wiedererinnern zu können (Suchschemata),
- zur aktiven Verarbeitung des Lernstoffs anzuregen.

Grundsätzlich läßt sich jeder Sachverhalt in einer einfachen Lern-Skizze ausdrücken. Entscheidend ist, wieviel Phantasie der Lernende entwickelt, sich abstrakte Sachverhalte bildlich zu vergegenwärtigen.

Beispiel: Lern-Skizze als Abschluß einer Einzelarbeit

Die Anfertigung von Lern-Skizzen setzt voraus, daß der Lernende zuvor eine Reihe von Einzelinformationen erworben hat. Es gilt nun, sie in eine überschaubare, vereinfachte und hierbei sachlich richtige Darstellung zu bringen. Besonders bei sehr komplexen und detaillierten Informationen schafft die Skizze Übersicht und hilft den Sachverhalt transparent zu machen. Dies ist Voraussetzung, um ihn überhaupt leicht behalten und erinnern zu können.

Für Lernende ist es sehr hilfreich, Textstudien mit einer zusammenfassenden Lern-Skizze abzuschließen. So könnten Sie in Ihrem Seminar eine Einzelarbeit, in der jeder Lerner einen zuvor ausgegebenen Text studiert hat, mit einer Aufforderung verbinden, die Textinhalte in einer einfachen Lernskizze zu verdeutlichen. Diese kann die Grundlage für die weitere Vorgehensweise sein, wie z.B. eine weiterführende Partnerarbeit, in der jeder Partner seine Skizze dem Tischnachbarn vorlegt und erläutert. Evtl. gemeinsam besprochene Korrekturen könnten dann jeweils vorgenommen werden.

Das nachfolgende Beispiel für eine Lern-Skizze stammt aus einem meiner Seminare. Es wurde im Rahmen einer Übung angefertigt, in der die Teilnehmer erstmals mit Lern-Skizzen arbeiteten. Die Themenvorgabe war, den Begriff "Wirtschaft" schematisch darzustellen. Der Teilnehmer entschied sich für eine Darstellungsform, die Ähnlichkeiten zu einer Netzplan-Darstellung aufweist.

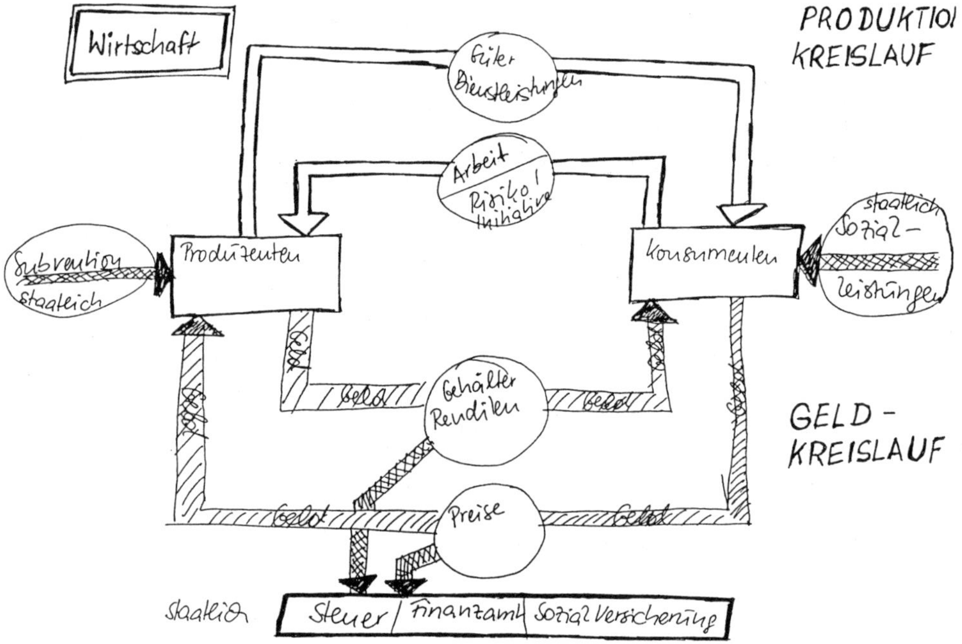

Abb. 12: Lern-Skizze zum Thema "Wirtschaft".

Beispiel: Die Lern-Skizze in der Kleingruppe

Sehr erfolgreich läßt sich die Lern-Skizze auch in Kleingruppen einsetzen, in denen es darum geht, ein gemeinsames Gruppenergebnis nach einem Erarbeitungsschritt darzustellen. Hier sind die Kleingruppen dazu aufgefordert, ihr Ergebnis als Lern-Skizze schematisch auf einem Flip-Chart-Bogen oder einem Pinwand-Plakat visuell darzustellen. Die Lern-Skizze dient der Gruppe nicht nur als Zusammenfassung und Präsentationsmedium, sie ist gleichzeitig Erinnerungsschema für jedes Gruppenmitglied.

Nachfolgend beschreibe ich dieses Vorgehen anhand eines Seminars der innerbetrieblichen Weiterbildung, in dem u.a. das Erlernen betriebswirtschaftlicher Grundlagen zu den Zielen gehört. In diesem Seminar haben die Teilnehmer in einer arbeitsgleichen Kleingruppenarbeit anhand eines Leittextes einfache Zusammenhänge der Wirtschaft herausgearbeitet. In einem zweiten Teil dieses Arbeitsschrittes sind sie nun aufgefordert, ihr gewonnenes gemeinsames Verständnis über diese Zusammenhänge unter dem Titel "Wirtschaft" in einer einfachen, schematischen Zeichnung auf einem Flip-Chart-Papier zu skizzieren. Anschließend werden im Plenum die einzelnen Lern-Skizzen vorgestellt und von je einem Gruppensprecher kurz erläutert.

Die Vorbereitung

⇨ Es ist keine besondere Vorbereitung erforderlich. Für den Einsatz in der Kleingruppenarbeit sind lediglich die entsprechenden Präsentationsmedien bereitzustellen.

Die Vorgehensweise

⇨ Lern-Skizzen können Sie nahezu in jeder Phase des Seminars anfertigen lassen. Dies empfiehlt sich z.B., wenn Inhalte

- zu ordnen und strukturieren,
- zu verdichten,
- zusammenzufassen und/oder
- für eine Diskussion vorzubereiten

sind.

⇨ Wenn Sie die Arbeit mit Lern-Skizzen Ihren Teilnehmern im Seminar das erste Mal vorschlagen, empfiehlt es sich, ihnen einige einfache Hinweise für die zeichnerische Gestaltung zu geben, etwa die folgenden:

1. Prinzip:	**GESTALT**	Einfache geometrische Formen verwenden.
2. Prinzip:	**AUSDRUCK**	Symbole können eingefügt werden.
3. Prinzip:	**SCHRIFT**	Gut lesbare Beschriftung vornehmen.
4. Prinzip:	**AUSGEWOGEN-HEIT**	Nicht zu viel, nicht zu wenig Informationen aufnehmen.
5. Prinzip:	**FARBE**	Gezielte Colorierung hilft hervorzuheben und zu gewichten.
6. Prinzip:	**KONGRUENZ**	Bild und Inhalt müssen widerspruchsfrei sein.
7. Prinzip:	**ORIGINALITÄT**	Der Phantasie freien Lauf lassen; je origineller eine Skizze, umso besser der Behaltenserfolg.

4.3 Zum Umgang mit Texten

Der Einsatz von schriftlichem Informationsmaterial gehört zu den Standards eines jeden Seminars. Hiermit werden die Teilnehmer bei der Erarbeitung von Lernstoffen unterstützt. Dabei kann es sich um seminarbegleitende Schulungsunterlagen handeln, die den Teilnehmern bereits zu Beginn des Seminars ausgegeben werden. Denkbar sind jedoch auch Textvorlagen, die erst während des Seminarverlaufs zur Stützung und Verarbeitung partner- oder gruppenzentrierter Methoden eingesetzt werden (sogenannte Leittexte). Solche Texte dienen als Informations-, Arbeits- oder Lerntexte.

In meinen Seminaren beobachte ich sehr häufig, daß nur einige wenige Teilnehmer im Umgang mit den Unterlagen geübt sind. Darüberhinaus verfügen sie selten über einfache Strategien zur lerngerechten Aufbereitung der Texte. Die Schwierigkeiten liegen auf folgenden Ebenen:

1. Fehlende Kenntnis verschiedener Lesetechniken sowie fehlendes Bewußtsein für die Notwendigkeit, Lesetechniken zielgerichtet einzusetzen;
2. Unkenntnis der Möglichkeiten zur Strukturierung und Ordnung der Textinformationen;
3. fehlende Übung bei der Zusammenfassung von Inhalten sowie
4. mangelnde Fertigkeiten hinsichtlich der Auswahl von relevanten Informationen.

In den meisten Fällen wird versucht, die relevanten Informationen durch Unterstreichen oder farbiges Markieren von vermeintlichen Schlüsselwörtern herauszustellen. In einem zweiten Schritt wird "herausgeschrieben", d.h. Wörter oder Sätze, von deren Wichtigkeit man überzeugt ist, werden abgeschrieben oder - allerdings seltener - mit eigenen Worten auf einem gesonderten Zettel notiert. Dieses Vorgehen ist für die meisten Lerner nicht nur sehr mühsam, sondern besonders für das Verständnis der Zusammenhänge und das weitere Lernen wenig hilfreich.

Jeder Dozent, der seine Rolle nicht nur als "Wissensvermittler" auffaßt, sollte einerseits seine Texte lerngerecht vorbereiten und andererseits seinen Teilnehmern zu Beginn des Seminars einige Arbeitshilfen anbieten. Ich möchte Ihnen nachfolgend einige Anregungen geben, die sich in meiner Seminararbeit als sehr erfolgreich herausgestellt haben.

Lerngerechte Texte

Eine lerngerechte Textvorlage, die von Ihnen selbst erstellt wird, muß berücksichtigen, daß Lernen ein ganzheitlicher Vorgang ist. Ganzheitlich bedeutet hierbei, daß Lernen nur dann erfolgreich sein kann, wenn es gelingt, den Lernenden in eine zielgerichtete Vielfalt von Lernaktivitäten zu integrieren. Dies gilt eben auch für eine Schulungsunterlage, die den Teilnehmern genügend Gelegenheit geben muß, aktiv mit ihr umzugehen. So gehören dort hinein:

- Informationstexte,
- zusammenfassende Graphiken,
- Fragen und Denkanstöße,
- Zeichnungen, Schemata, Abbildungen (z.T. zum Ergänzen oder Selbstausfüllen durch die Teilnehmer),
- Übungsvorschläge,
- Arbeitsanweisungen,
- Beispiele,
- Literaturhinweise
- und viel Platz zum Schreiben und Zeichnen.

Es darf sich also nicht um einen reinen Fachinformationstext handeln, sondern um eine Unterlage, die den Teilnehmer anregt, mit ihr aktiv zu arbeiten. Hier einige Vorschläge zur Gestaltung:

- Auf jede Textseite gehören Textpassagen, die nur einen Teil der Seite ausfüllen (z.B. das obere Drittel, oder die rechte oder linke Hälfte). Die Freiräume neben und unter dem Text sind für Notizen, Fragen, Anmerkungen, kleine Zeichnungen, Querverweise - kurzum: für alle zeichnerischen und schriftlichen Aktivitäten, die der Lernende als sinnvoll für sich erachtet - freizuhalten.
- Die Inhalte müssen nicht immer als detaillierte Fachinformation vorliegen, oftmals ist es besser, sie als Sinninhalte zu formulieren, die die zentralen Aussagen enthalten. Über Literaturhinweise wird der Lernende angeregt, Detailinformationen in der Fachliteratur gezielt abzufragen.

  Die geringe Textmenge sowie verdichtete Textformationen ermöglichen es den Teilnehmern, "bewußter" zu lesen und die Inhalte gedanklich leichter aufzunehmen.

- Graphiken, die Sie im Verlaufe des Seminars entwickeln oder vorstellen, sollen enthalten sein. Indem die Teilnehmer die Beschriftungen z.T. selbst eintragen können, wird ihnen das Einprägen erleichtert.

Wenn Sie diese Gestaltungsvorschläge berücksichtigen, haben Sie die Voraussetzung für einen optimalen Umgang mit der Textvorlage geschaffen.

Lerngerechtes Textstudium

Beim aktiven Studium von schriftlichen Unterlagen muß es darum gehen, die Inhalte in ihrer Struktur offenzulegen und in übersichtliche Formen zu überführen, die ein leichtes Behalten der Inhalte ermöglichen. Die folgenden Tips helfen den Lernenden bei der Auseinandersetzung mit den Texten:

- mit Symbolen Textpassagen markieren, d.h. mit Fragezeichen, Ausrufezeichen, Pfeilen, Kreisen, Dreiecken, Blitzen etc.;
- Einkreisen von Textpassagen mit Rechtecken, Quadraten, Dreiecken, Kreisen und Ovalen, wichtige Passagen hervorheben;
- kurze Zusammenfassungen neben den Text schreiben;

- Merksätze und Slogans neben/unter den Text schreiben;
- einfache Lern-Skizzen (Schema-Zeichnungen) neben die Textpassagen zeichnen;
- Fragen notieren, die Antworten (!) sofort oder später ergänzen;
- Stichworte und Merk-Schemata direkt über ausgewählte Textpassagen schreiben.

Im folgenden einige Beispiele: Während Abbildung 13 einen wenig lerngerechten Umgang mit dem Text darstellt, demonstrieren die nachfolgenden Beispiele (Abbildung 14) verarbeitungsgerechtes Textstudium.

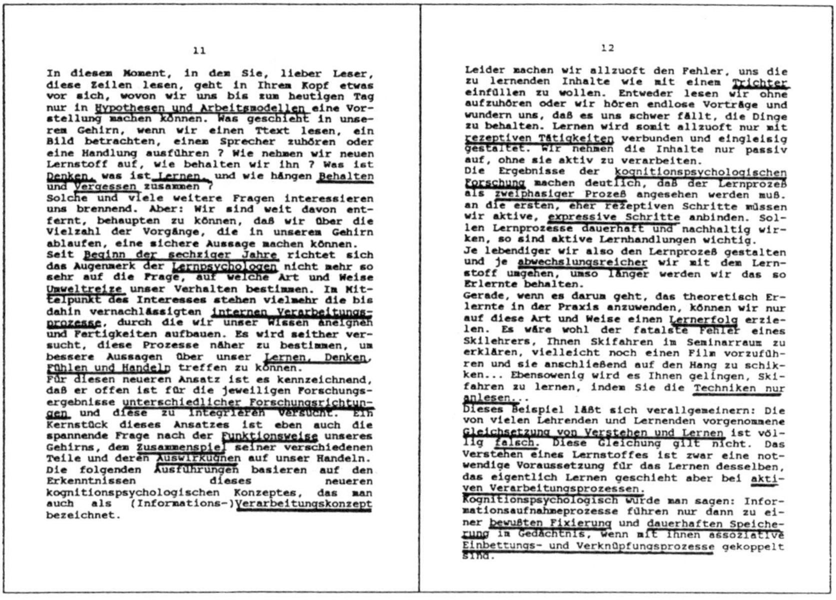

11

In diesem Moment, in dem Sie, lieber Leser, diese Zeilen lesen, geht in Ihrem Kopf etwas vor sich, wovon wir uns bis zum heutigen Tag nur in Hypothesen und Arbeitsmodellen eine Vorstellung machen können. Was geschieht in unserem Gehirn, wenn wir einen Ttext lesen, ein Bild betrachten, einem Sprecher zuhören oder eine Handlung ausführen ? Wie nehmen wir neuen Lernstoff auf, wie behalten wir ihn ? Was ist Denken, was ist Lernen, und wie hängen Behalten und Vergessen zusammen ?
Solche und viele weitere Fragen interessieren uns brennend. Aber: Wir sind weit davon entfernt, behaupten zu können, daß wir über die Vielzahl der Vorgänge, die in unserem Gehirn ablaufen, eine sichere Aussage machen können.
Seit Beginn der sechziger Jahre richtet sich das Augenmerk der Lernpsychologen nicht mehr so sehr auf die Frage, auf welche Art und Weise Umweltreize unser Verhalten bestimmen. Im Mittelpunkt des Interesses stehen vielmehr die bis dahin vernachlässigten internen Verarbeitungsprozesse, durch die wir unser Wissen aneignen und Fertigkeiten aufbauen. Es wird seither versucht, diese Prozesse näher zu bestimmen, um bessere Aussagen über unser Lernen, Denken, Fühlen und Handeln treffen zu können.
Für diesen neueren Ansatz ist es kennzeichnend, daß er offen ist für die jeweiligen Forschungsergebnisse unterschiedlicher Forschungsrichtungen und diese zu integrieren versucht. Ein Kernstück dieses Ansatzes ist eben auch die spannende Frage nach der Funktionsweise unseres Gehirns, dem Zusammenspiel seiner verschiedenen Teile und deren Auswirkugnen auf unser Handeln.
Die folgenden Ausführungen basieren auf den Erkenntnissen dieses neueren kognitionspsychologischen Konzeptes, das man auch als (Informations-)Verarbeitungskonzept bezeichnet.

12

Leider machen wir allzuoft den Fehler, uns die zu lernenden Inhalte wie mit einem Trichter einfüllen zu wollen. Entweder lesen wir ohne aufzuhören oder wir hören endlose Vorträge und wundern uns, daß es uns schwer fällt, die Dinge zu behalten. Lernen wird somit allzuoft nur mit rezeptiven Tätigkeiten verbunden und eingleisig gestaltet. Wir nehmen die Inhalte nur passiv auf, ohne sie aktiv zu verarbeiten.
Die Ergebnisse der kognitionspsychologischen Forschung machen deutlich, daß der Lernprozeß als zweiphasiger Prozeß angesehen werden muß. an die ersten, eher rezeptiven Schritte müssen wir aktive, expressive Schritte anbinden. Sollen Lernprozesse dauerhaft und nachhaltig wirken, so sind aktive Lernhandlungen wichtig.
Je lebendiger wir also den Lernprozeß gestalten und je abwechslungsreicher wir mit dem Lernstoff umgehen, umso länger werden wir das so Erlernte behalten.
Gerade, wenn es darum geht, das theoretisch Erlernte in der Praxis anzuwenden, können wir nur auf diese Art und Weise einen Lernerfolg erzielen. Es wäre wohl der fatalste Fehler eines Skilehrers, Ihnen Skifahren im Seminarraum zu erklären, vielleicht noch einen Film vorzuführen und sie anschließend auf den Hang zu schikken... Ebensowenig wird es Ihnen gelingen, Skifahren zu lernen, indem Sie die Techniken nur anlesen...
Dieses Beispiel läßt sich verallgemeinern: Die von vielen Lehrenden und Lernenden vorgenommene Gleichsetzung von Verstehen und Lernen ist völlig falsch. Diese Gleichung gilt nicht. Das Verstehen eines Lernstoffes ist zwar eine notwendige Voraussetzung für das Lernen desselben, das eigentlich Lernen geschieht aber bei aktiven Verarbeitungsprozessen.
Kognitionspsychologisch würde man sagen: Informationsaufnahmeprozesse führen nur dann zu einer bewußten Fixierung und dauerhaften Speicherung im Gedächtnis, wenn mit ihnen assoziative Einbettungs- und Verknüpfungsprozesse gekoppelt sind.

Abb. 13: Unterstreichungen von vermeintlichen Schlüsselwörtern als Beispiel für ein wenig lerngerechtes Textstudium.

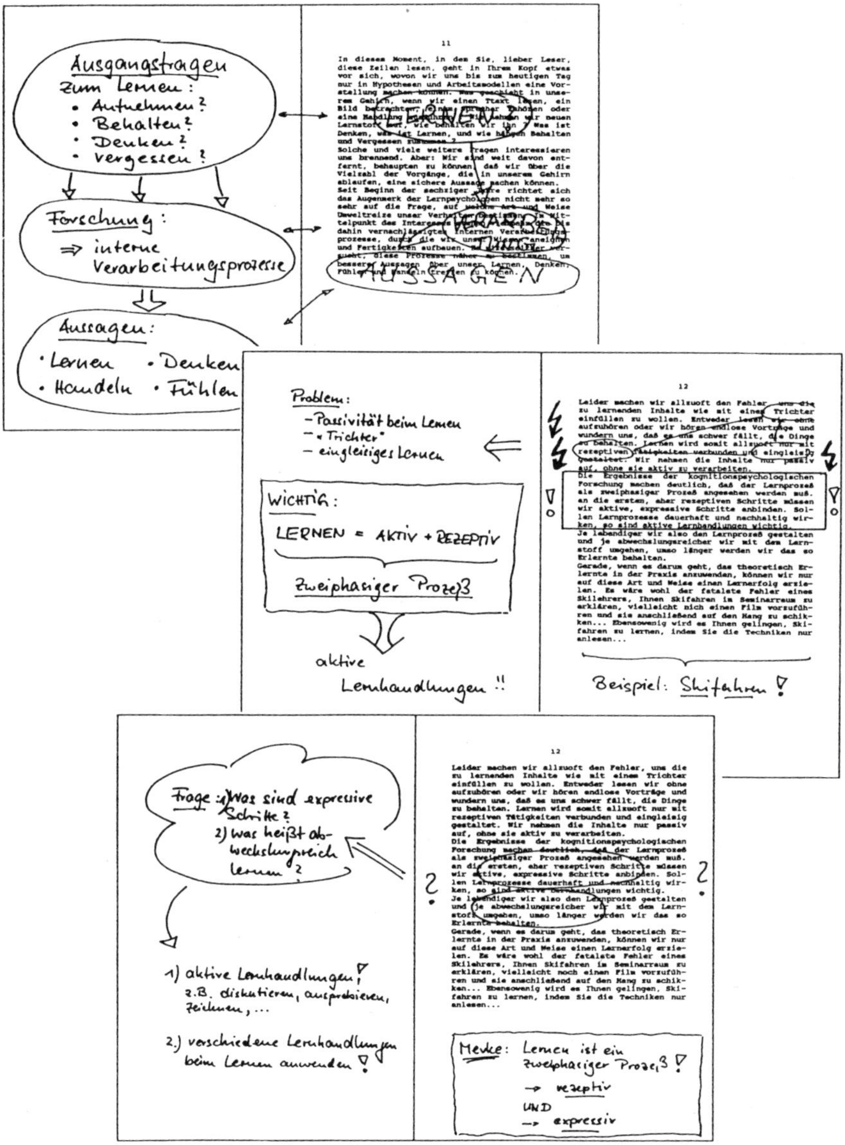

Abb. 14: Beispiele für ein verarbeitungsintensives Textstudium.

Die PQ4R-Methode

Ein sehr praktikables Verfahren, das einer solchermaßen aktiven Textarbeit zugrunde gelegt werden kann, ist die PQ4R-Methode[8]:

P*review* = Vorausschau	Text Überfliegen / sich orientieren
Q*uestion* = Fragen	einfache Fragen (zu dem Text) formulieren
R*ead* = Lesen	lesen/Fragen beantworten/markieren
R*eflect* = Nachdenken	verknüpfen/assoziieren/Beispiele bilden
R*ecite* = Wiedergeben	Textinhalt wiedergeben / Fragen erneut beantworten
R*eview* = Rückblick	Zusammenfassen / resümieren

Abb. 15 : Die PQ4R-Methode

---

[8] Anderson, J.R.: Kognitive Psychologie - Eine Einführung. Heidelberg 1988. S.182-184.

Der Formulierung von Fragen (Q) und deren Beantwortung kommt in der aktiven Textarbeit wesentliche Bedeutung zu. Hier lassen sich unterscheiden:

- *Interessengeleitete Fragen*: Fragen nach den Zielen, dem Erkenntnisinteresse - sie gehen dem Textstudium voraus;
- *begleitende Fragen*: Fragen, die sich direkt aus dem Text heraus ergeben - sie werden während des Textstudiums formuliert;
- *weiterführende Fragen*: Fragen, die über den Text hinausgehen und weiterführenden Charakter haben - sie schließen das jeweilige Textstudium ab.

Eine Erweiterung der PQ4R-Methode um das interessengeleitete und weiterführende Fragen trägt zu einer Intensivierung und Vertiefung des Lernprozesses bei.

4.4 Lern-Larry und Lern-Partner

Aktives Lernen kann auf verschiedene Art und Weise praktiziert werden: Schriftliche Ausarbeitungen, stichwortartige Zusammenfassungen, das Anfertigen von Skizzen, Zeichnungen, Modellen etc. sind bereits angesprochene Verfahren.

Die hier vorgeschlagene Lernmethode verbindet die Vorstellung eines aktiven Lernprozesses mit dem sozialen Lernen.

Die Idee

Aktives Lernen läßt sich sehr effektiv praktizieren, wenn die Lerner die Möglichkeit bekommen,

a. den Lernstoff einem (fiktiven) Gesprächspartner (dem sog. Lern-Larry) zu erzählen bzw.
b. den Lernstoff mit einem Lern-Partner zu besprechen, zu diskutieren oder zu problematisieren.

Lernen mit dem Lern-Larry: In diesem Fall wird das Gespräch überwiegend vom Lerner bestritten. Es beginnt i. d. R. mit einem "Du, ich muß Dir 'mal was erzählen" oder einem "Könnten Sie mir wohl 'mal für einen Augenblick zuhören", und anschließend versucht der Lerner, seinem Gesprächspartner (dem Lern-Larry) den Lernstoff - so gut er kann - zu erzählen.

Dem Lern-Larry fällt die passive Rolle des Zuhörers zu, wobei er von der Sache *nicht unbedingt* etwas verstehen muß.

Der wichtigste Lerneffekt bei dieser Lernmethode besteht darin, daß der Lerner veranlaßt wird, seinen Lernstoff einem Gegenüber zu erklären; dabei wird er dann ganz automatisch auf die Punkte gestoßen, die er noch nicht richtig zu erklären in der Lage ist.[9]

Achtung: Die Selbsteinschätzung vieler Lerner stellt sich in solchen Situationen häufig als nur z. T. richtig heraus. Die Gleichung "Verstehen = Lernen" gilt eben doch nicht.

Sollte gerade kein Lern-Larry zur Verfügung stehen, so ist es völlig in Ordnung, einen imaginären Gesprächspartner zu wählen (das Bild Ihres Liebsten/Ihrer Liebsten auf dem Schreibtisch, das Bücherregal, der Spiegel etc.).

Lernen mit dem Lern-Partner: In diesem Fall findet die Kommunikation wechselseitig statt. Zwei Lerner[10] gehen dabei eine Lern-Partnerschaft ein, d. h. sie stehen sich wechselseitig für Diskussionen, Wiederholungen, Erläuterungen etc. zur Verfügung.

Den Lern-Partnern sollte in den Seminaren eine bestimmte Zeit zur Verfügung gestellt werden, um miteinander lernen zu können. Es ist sinnvoll, wenn die Lern-Partnerschaft über die Dauer einer Seminarveranstaltung hinaus verlängert wird - dann können nämlich auch die Probleme bei der Umsetzung in die Praxis lernpartnerschaftlich angegangen werden.

Beispiel: Die Wiederholung mit dem Lernpartner

Am Beginn einer neuen Seminareinheit wird häufig der Lernstoff der letzten Stunden bzw. Tage noch einmal wiederholt. Das ist sinnvoll, denn für eine gute Behaltensleistung sind Wiederholungen in bestimmten zeitlichen Abständen erforderlich.

---

[9] Viele Dozenten berichten übereinstimmend davon, daß das Lehren eine wunderbare Lernmethode ist. Manchmal lernt der Dozent in einem Seminar sogar mehr als viele seiner Teilnehmer.

[10] Es können natürlich auch mehr Lerner sein.

Leider ist es allzu häufig zu beobachten, daß der Dozent diese Wiederholung selbst vornimmt. Er macht dies wahrscheinlich, weil er unter Zeitdruck steht oder aber weil er seinen Lernern keine vollständige und gleichzeitig bündige Zusammenfassung zutraut. Beide Varianten sind letztendlich auf den didaktischen "Vollständigkeitswahn" zurückzuführen.

Dabei geht es doch auch ganz einfach: Die Lerner werden gebeten, sich eine bestimmte Anzahl von Begriffen auf Pinwand-Karten zu notieren (auch hier gilt: weniger ist mehr!). Dafür gibt man i. d. R. ein oder zwei Minuten Zeit.

Anschließend werden sie aufgefordert, ihrem Lern-Partner (es kann auch der Tischnachbar sein) die von ihnen aufgeschriebenen Begriffe zu erklären. Der Arbeitsauftrag kann auch dahingehend ergänzt werden, daß die Lerner zusätzlich erklären müssen, warum die von ihnen notierten Begriffe für sie wesentlich sind.

Ich bin immer wieder erstaunt, was für ein reges Treiben mit dieser Lernmethode initiiert werden kann. Die Geräuschkulisse im Seminarsaal ist gewöhnlich recht hoch, ein Zeichen dafür, daß die Gelegenheit zum Austausch von Informationen gern wahrgenommen wird.

Übrigens: Erst beim Erzählen merken viele Lerner, wie hilfreich diese Methode sein kann.

Beispiel: "Suchen Sie sich Ihren Lern-Larry!"

Ein Verfahren, das sich ebenfalls in der Praxis bewährt hat, ist das folgende: Der Dozent gibt den Lernern den Auftrag, den Lernstoff am Ende eines Seminartags noch einmal zu wiederholen, indem sie ihn ihrem Lern-Larry erzählen.

Die Lerner gehen mit diesem Auftrag unterschiedlich um. Einige berichten dann, wie sie einem Freund oder Bekannten den Lernstoff erzählt haben. Andere wählen einen fiktiven Gesprächspartner (z. B. murmeln sie halblaut vor sich hin, während sie nach Hause gehen).

Den Berichten der Lerner ist gemeinsam, daß von einem intensiven und gleichzeitig überraschenden Lernerlebnis gesprochen wird, das man vorher nicht erwartet hat.

Die Vorbereitung

Für diese Art des aktiven Lernens ist eigentlich keinerlei Vorbereitung erforderlich. Es muß nur sichergestellt sein, daß jedem Lerner ein Lern-Partner zur Verfügung steht, was in Seminaren ja nicht allzu schwer sein dürfte.

Einen Lern-Larry finden Sie überall.

Die Vorgehensweise

⇨ Am allerwichtigsten ist es, die Lerner von dem Sinn der Übung zu überzeugen. Für einige Lerner ist es nämlich nicht von vornherein einsichtig, daß das Erklären des Lernstoffs seiner Verarbeitung und Speicherung dienlich ist.

  Das fundamentale Mißverständnis "VERSTEHEN = LERNEN" muß ausgeräumt und durch ein besseres Lernmodell ersetzt werden.

⇨ Anschließend müssen die Lern-Partnerschaften organisiert und die Arbeitsaufträge erteilt werden.

5. Aktivierende Lernmethoden im Seminar - oder: Wie regen Sie zum spielerischen Lernen an ?

Spielerische Lernmethoden stehen ebenso wie solche Methoden, die die Lernaktivität sehr stark betonen, in der heutigen Weiterbildungspraxis noch sehr im Hintergrund. Doch gerade solche Verfahren sind es, die im seminaristischen Lehr- und Lerngeschehen den Lernenden die Möglichkeit geben, den Lernstoff zu verarbeiten, sich mit ihm geistig, emotional und praktisch handelnd auseinanderzusetzen.

Nachdem ich über Lernpfade und Lernhilfen geschrieben habe, möchte ich Ihnen nun einige Anregungen für den Einsatz von sehr verarbeitungsintensiven Lernmethoden geben. Ich möchte Sie hiermit gleichzeitig ermuntern, sich selbst neue Möglichkeiten und Varianten zu überlegen, sie auszuprobieren und Ihr Methodenrepertoire kontinuierlich auszubauen.

5.1 Aktives Strukturieren

Lern-Landkarten können nicht nur an den Anfang einer Informationsaufnahme-Phase gestellt werden, sondern auch auf eine spezifische Weise die aktive Verarbeitung der Informationen unterstützen.

Der Aufbau einer Lern-Landkarte ist bereits in Kapitel 3.1 beschrieben. Deshalb beschränke ich mich in diesem Kapitel auf die neuen Aspekte des *aktiven Strukturierens*.[11]

Die Idee

Die Lerner erhalten die einzelnen Elemente der Lern-Landkarte auf Pinwand-Karten, um die Lern-Landkarte zu rekonstruieren bzw. eine eigene Organisation des Wissens vorzunehmen. In diesem Fall dient die Lern-Landkarte der aktiven Informationsverarbeitung der Lerner. Dieser Prozeß wird sinnvollerweise mit kleinen Lerngruppen bzw. in Einzelarbeit realisiert.

Dies geschieht dadurch, daß die Lerner angehalten werden, bestimmte, zum Thema passende Begriffe so zu ordnen, daß sie eine sinnfällige Struktur ergeben. Die Begriffe können stellvertretend für die Lern-Orte bzw. andere Elemente der Lern-Landkarte stehen, dies ist aber keine Bedingung.

Zu Beginn der Übung verteilt der Dozent jeweils einen Satz beschrifteter Pinwand-Karten an die Lerngruppen bzw. an einzelne Lerner. Dann formuliert er die Aufgabenstellung:

---

[11] Siehe auch die Methoden "Netzwerk" und "Struktur-Lege-Technik" in: Wahl, D. u.a.: Erwachsenenbildung konkret - Mehrphasiges Dozententraining. Weinheim 1991. S.193 u. 199.

"Bitte versuchen Sie, die Karten in eine sinnvolle Struktur zu bringen. Nachher werde ich Sie bitten, uns Ihre Struktur zu erklären !"

Es ist sehr wichtig zu verdeutlichen, daß bei dieser Übung der Prozeß des Strukturierens, also der aktiven Informationsverarbeitung, im Mittelpunkt steht und weniger das Ergebnis dieses Prozesses, nämlich die fertige Lern-Landkarte. Daher ist es überhaupt nicht schlimm, wenn sich die Lern-Landkarten der einzelnen Lerngruppen teilweise erheblich unterscheiden. Prozesse der Informationsverarbeitung werden von Lernern sehr individuell ausgeführt, und deshalb wird es auch immer individuelle Arbeitsergebnisse geben. Nur bei Mißverständnissen sollte der Dozent eingreifen.

Beispiel: Die Stufen des Gedächtnisses

Die Seminargruppe hat das Thema "Stufen des Gedächtnisses" erarbeitet. Zum Abschluß der Lernsequenz soll aktiv strukturiert werden.

Der Dozent hat mehrere Kartensätze mit Pinwand-Karten vorbereitet, auf denen die folgenden Begriffe notiert sind:

Gedächtnis-stufen	Sensorischer Speicher	Langzeit-Gedächtnis	Wahrnehmung
begrenzte Kapazität	Kurzzeit-Gedächtnis	Bedeutung	Chunks

Nachdem eine Gruppeneinteilung vorgenommen wurde und die Kartensätze an die Gruppen verteilt worden sind, formuliert der Dozent die Aufgabenstellung:

"Bitte versuchen Sie, die Karten zum Thema "Gedächtnisstufen" in eine sinnvolle Struktur zu bringen. Anschließend werde ich Sie bitten, uns Ihre Struktur zu erklären".

Das Arbeitsergebnis einer Gruppe sehen Sie in Abbildung 16.

Zum Abschluß des aktiven Strukturierens gibt die Gruppe eine Erläuterung vor dem Plenum.

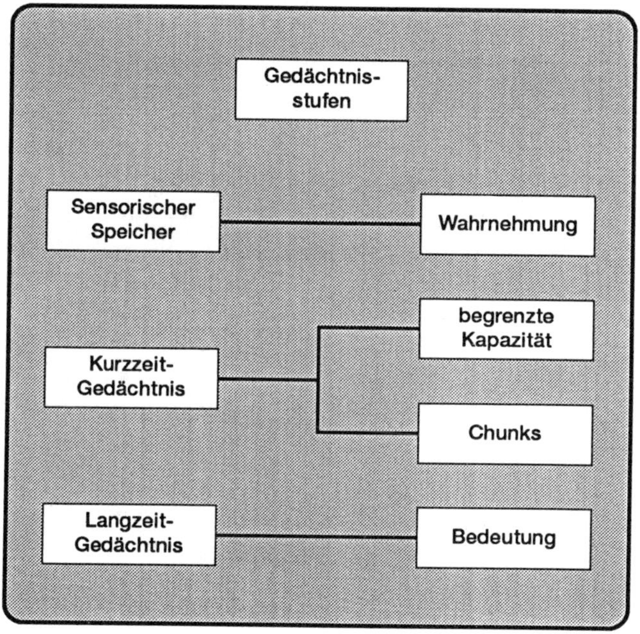

Abb. 16: Beispiel für eine visuelle Struktur einer Arbeitsgruppe zum Thema "Gedächtnis-Stufen".

Die Vorbereitung

Voraussetzung für das aktive Strukturieren ist, daß die Lerner zuvor einen gut strukturierbaren Lernstoff erarbeitet haben.

Die Karten mit den zu strukturierenden Begriffen müssen vorbereitet werden (ein Kartensatz pro Gruppe). Als Vorlage sind die in Kapitel 3.1 vorgestellten Lern-Landkarten besonders gut geeignet.

Die Vorgehensweise

⇨ Zu Beginn der Aufgabe werden die Gruppen eingeteilt. Danach wird die Aufgabenstellung formuliert.

⇨ Nachdem die Gruppen ihre Karten in eine Struktur gebracht haben, bittet man sie, das Ergebnis den anderen Lernern zu präsentieren. Auf die dabei vorgebrachten Erklärungen sollte besonderer Wert gelegt werden.

5.2 Assoziationswelt

Wie ich Ihnen in Kapitel 4.2 zum Thema Lern-Skizzen bereits beschrieben habe, eignen sich visuelle Darstellungen hervorragend als Erinnerungsschemata und unterstützen daher Lernprozesse fundamental. In diesem Kapitel soll es nun um die gezielte Anregung von Assoziationen und den Umgang mit ihnen gehen. Solche Assoziationen werden in sogenannten Vorstellungsbildern visuell konkret. Während die Arbeit mit Lern-Skizzen in der Regel sehr eng an den Lernstoff gebunden ist, läßt sich der Einsatz von Vorstellungsbildern hervorragend als Einstieg in ein größeres Sachgebiet oder in neue Lernstoff-Bausteine (z.B. Begriffe) vornehmen.

Die Idee

Über die bewußte Schaffung von bildhaften Vorstellungen läßt sich neues Wissen leichter in die bestehende Wissensstruktur einordnen. Wenngleich diese Technik als Mnemotechnik angesehen werden kann, steht im Seminargeschehen die Idee im Vordergrund, über die Assoziations-Bildung zu einer aktiven Auseinandersetzung mit dem Lernstoff zu gelangen.

Hierzu sind die Teilnehmer nun aufgefordert, ihre Gedanken und Vorstellungen zu einem neuen Sachverhalt zeichnerisch darzulegen. Die Zeichnungen dürfen jedoch weder gegenständliche Elemente noch irgendwelche Beschriftungen enthalten. Einziges Gestaltungselement soll die ungegenständliche Darstellungsform sein. Es entstehen auf diese Art und Weise Vorstellungsbilder, deren abstrakte Formen die innere Struktur der dargestellten Sachverhalte enthalten.

R. Arnheim, ein Gestaltpsychologe, führt in seinem Buch "Anschauliches Denken" aus[12]: "Die ungegenständlichen Muster sind äußerst nützlich für die Klärung der theoretischen Begriffe, müssen ihren Sinn aber dauernd von der

---

[12] Arnheim, R.: Anschauliches Denken. Zur Einheit von Bild und Begriff. Köln 4/1980.

lebendigen Substanz der Gegebenheiten und Ereignisse beziehen, die sie darstellen. Der Hauptgrund dafür, daß diese körperlichen Gerüste so wertvoll sind, besteht darin, daß das Denken sich nicht mit der bloßen Materie oder Substanz als solcher beschäftigt, sondern nur mit der Struktur der Dinge" (Arnheim 1980, S.128).

Beispiel: Vorstellungsbilder zum "Politik"-Begriff

Nachfolgend einige Beispiele aus meinen Seminaren, in denen ich die Teilnehmer gebeten hatte, ihre Assoziationen zum Begriff "Politik" zu zeichnen und anschließend schriftlich zu erläutern.

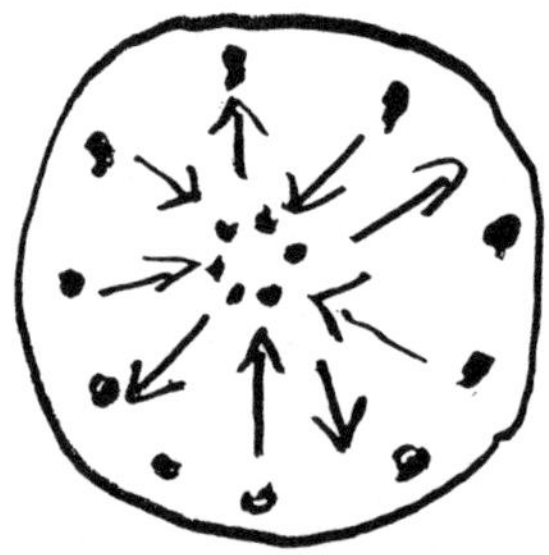

Der Kreis umschließt die Solidargemeinschaft. Politik - die Wechselbeziehung zwischen den Menschen und den Politikern im Zentrum. Fortlaufender Austausch von Beziehungen und Menschen.

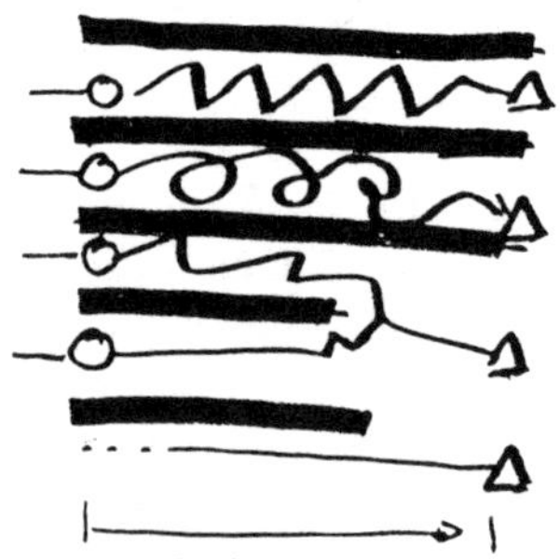

Politik = Rahmen, in dem sich Veränderungen von Merkmalen heute (o) zu morgen () vollziehen

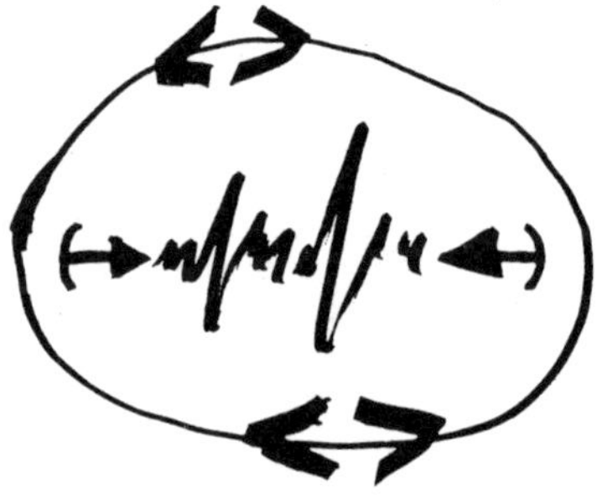

Innen: Die Politiker, die immer mit ihren Meinungen aufeinanderstoßen.
Außen: Die Bevölkerung, die von Politikern in die "Richtung zu gehen", überzeugt wird, die diese wollen.

Politik - Das Aufeinandertreffen verschiedener Meinungen, Positionen, Interessen, aus denen wieder verschiedene Ergebnisse zu einem "Gesamtstrom" von Meinungen und Interessen zusammenfließen.

1. Jedes Element, jede Meinung, jede Partei, jede Einrichtung, jeder politisch Engagierte hat seine eigene Vorstellung von der Politik, die er macht.
2. Doch muß er dennoch Abstriche machen, da man vom anderen beeinflußt wird oder die Interessenübergänge fließend sind.
3. Alles sammelt sich im zentralen Punkt, der Führung, deren Interessen man nicht total mißachtet.
4. Schließlich läuft trotz unterschiedlicher Meinung alles aufs Gleiche heraus (Pfeil).
5. Und am Ende weiß keiner mehr, warum er eigentlich was für wen tut.

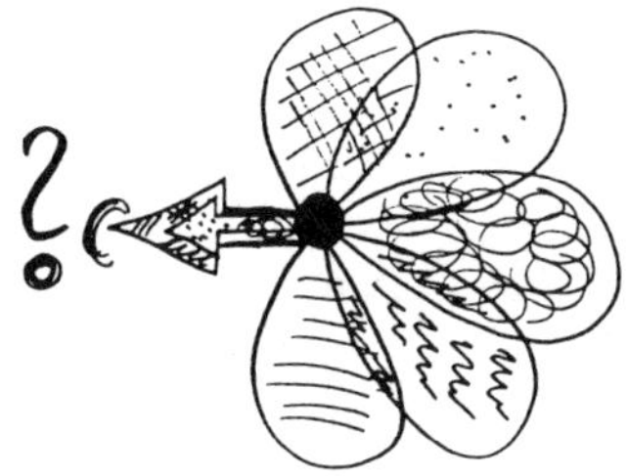

"L'etat, c'est moi". Im Gegensatz zum Sonnenkönig, sollte heute Politik von allen gemacht werden. Trotzdem sehe ich Politik so, daß dort einige wenige (dicke Punkte) agieren u. viele (1000 kleine Punkte) reagieren, obwohl diese dicken Punkte (mit Fangarmen) unmittelbar die Masse berühren.

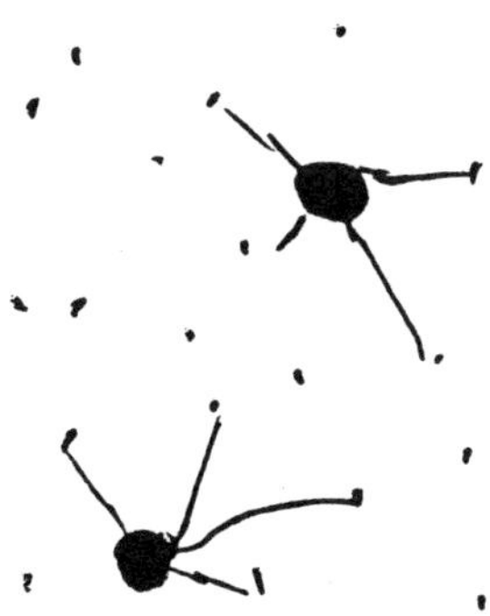

Abb. 17: Vorstellungsbilder zum Begriff "Politik"

Die Assoziations-Interpretation (Partnerarbeit)

Die Assoziations-Interpretation basiert auf der Anfertigung von Vorstellungsbildern, in denen die Teilnehmer des Seminars ihre individuellen Assoziationen zu einem bestimmten Sachverhalt auf eine Pinwand-Karte oder ein leeres Blatt Papier bringen. Nachdem jeder Teilnehmer nun seine ungegenständliche Skizze fertiggestellt hat, notiert er seine Gedanken zu diesem Begriff jeweils auf der Rückseite. Hierbei sollte er seine Ausführungen eng an dem dargestellten Muster orientieren, damit die Kerninformation herausgestellt wird.

Nun werden die fertiggestellten Assoziations-Karten mit dem Tisch-Nachbarn ausgetauscht - jedoch so, daß die schriftliche Erläuterung zunächst noch verdeckt gehalten wird. Jeder Partner dieser Zweiergruppe hat nun die Aufgabe, das Vorstellungsbild des Nachbarn zu interpretieren. Hierbei sollte er seine Kenntnisse, die er über den dargestellten Sachverhalt besitzt, einfließen lassen, um seine Interpretation fachlich zu untermauern. Anschließend werden die Assoziations-Karten "freigegeben", und der jeweilige Zeichner erläutert seine Assoziation dem Partner.

In einem dritten Schritt soll abschließend ein gemeinsames Muster entworfen werden, das beide Positionen (Assoziationen) zusammenführt. Hier müssen nun alle bekannten Fakten herangezogen und diskutiert werden. Abbildung 18 auf der nachfolgenden Seite stellt den Ablauf der Assoziations-Interpretation in der Übersicht dar.

Die Vorbereitung

⇨ Die Assoziations-Interpretation sollte immer dann eingesetzt werden, wenn übergeordnete Begriffe oder komplexere Sachverhalte reflektiert werden, die wenig Gegenständlichkeit implizieren. Sie sollten ebenfalls ein größeres Interpretationspotential besitzen und offensichtlich diskussionsfähig sein. Es empfiehlt sich daher, die Lerninhalte auf solche Begriffe bzw. Sachverhalte hin zu untersuchen.

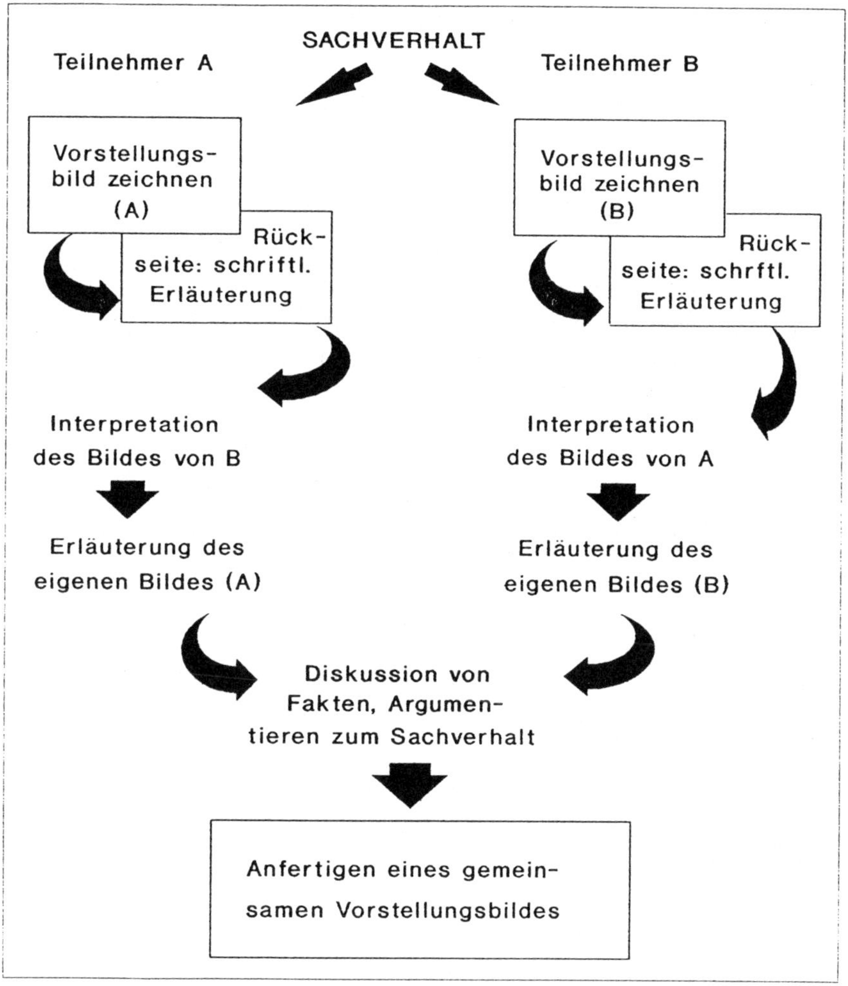

Abb. 18: Die Assoziations-Interpretation im Überblick

⇨ Damit eine fundierte Diskussion zwischen den Teilnehmern entstehen kann, sollte sichergestellt sein, daß sie entweder über Vorkenntnisse oder im Verlaufe des Seminars erworbene Grundkenntnisse verfügen.

Die Vorgehensweise

⇨ Geben Sie die Vorgehensweise bekannt, und erläutern Sie den Teilnehmern, warum Sie dieses Verfahren einsetzen.

⇨ Die Assoziations-Interpretation läßt sich sehr gut mit Erarbeitungsphasen verknüpfen. Sie kann ebensogut als Alternative zu einer Zusammenfassung eingesetzt oder aber an den Beginn einer Vertiefungsphase gestellt werden.

Die Assoziationsrunde

In Abwandlung der Assoziations-Interpretation, die ich als Partnerverfahren eingeführt habe, lassen sich Vorstellungsbilder im Seminar auch in Kleingruppenarbeiten entwerfen. Hierbei ist jede Kleingruppe aufgefordert, zu einem vorgegebenen Lerninhalt ein gemeinsames, ebenfalls ungegenständliches Vorstellungsbild zu entwickeln und auf einem Pinwand-Plakat oder Flip-Chart-Bogen darzustellen. Dieses Bild kann sowohl Ausdruck einer einheitlichen Gruppenmeinung sein als auch Gegensätze der einzelnen Anschauungen widerspiegeln. Am Ende dieser Erarbeitung stellt jede Gruppe ihr Ergebnis vor und kommentiert es vor dem Plenum.

Die Vorbereitung

⇨ Auch in dieser gruppenorientierten Variante sollte der Inhalt möglichst interpretations- sowie diskussionsträchtig sein.

⇨ Sehen Sie ausreichend viele Kleingruppenräume sowie Präsentationsmedien vor.

Die Vorgehensweise

⇨ Erläutern Sie auch hier die Vorgehensweise sowie Ihre Gründe, dieses Verfahren vorzuschlagen.

⇨ Die Assoziationsrunde läßt sich sehr gut am Beginn von Erarbeitungseinheiten einsetzen, kann jedoch auch als Einstieg in eine Thematik verwendet werden oder aber an den Schluß eines Lernschrittes gestellt werden.

⇨ Die Gruppengröße sollte erfahrungsgemäß fünf Personen nicht übersteigen, um die Gruppendiskussion nicht ausufern zu lassen und den Teilnehmern die Anfertigung eines gemeinsamen Vorstellungsbildes zu erleichtern.

5.3 Lern-Slogan

In diesem Abschnitt geht es um eine Lernmethode, die sich ein zentrales Element der Werbebranche zu eigen macht: das Bilden von einprägsamen Slogans, die wie ein Etikett den jeweiligen Lernstoff kennzeichnen.

Auf den ersten Blick unterliegen Sie vielleicht der Vermutung, daß eine solche Lernmethode trivial und unterfordernd wirken könnte. Meine Erfahrung mit ihr ist jedoch völlig gegenteilig: Das Finden von Slogans wird von den Teilnehmern als anspruchsvoll, teilweise sogar als schwierig empfunden - kreatives und humorvolles Denken sind gefordert.

Die Idee

Als Slogan bezeichnet man sehr wirkungsvoll formulierte, spot-artige Sprüche, die sich durch ein hohes Maß an Einprägsamkeit und Behaltenswirkung auszeichnen. Faßt man diese Begriffsbestimmung sehr weit, so lassen sich Eselsbrücken, Losungssprüche, manche Sprichwörter, kurze Reime und einfache Merksätze dazuzählen. Slogans entstehen in einer Atmosphäre der freien, kreativen Gestaltung, die sich im Rahmen dieser Lernmethode besonders gut entwickeln kann.

Bei der Bildung von Slogans geht es darum, eine treffende Aussage zu finden, die den Lernstoff

- zusammenfassend,
- hierbei sachlich richtig,
- in aller Kürze,
- prägnant und
- einprägsam

wiedergibt.

Der Lernende ist bei der Suche nach solchen Sprüchen aufgefordert, seiner Kreativität freien Lauf zu lassen. Oftmals entstehen Reime, wie sie in Eselsbrücken oder Sprichwörtern zu finden sind. Ebensogut können nur einzelne, etikettenartige Kunstbegriffe gebildet werden - wenn diese die "Schlüssel zur Erinnerung" darstellen können, reichen sie vollkommen aus. Meist jedoch werden satzartige Sprüche gebildet, die sinnig und manchmal humorvoll den Lernstoff "auf den Punkt" bringen.

Für den Behaltenserfolg im Seminar ist letztlich wahrscheinlich nicht so sehr der Slogan an sich ausschlaggebend, sondern vielmehr die intensive geistige Auseinandersetzung, die bei der Suche geleistet werden muß. Hierin ist der besondere Lerneffekt eher zu vermuten.

Um einen guten Slogan zu finden ist es nämlich erforderlich, sich zunächst über die zentralen Teil-Inhalte des Lernstoffs Gedanken zu machen. Sie sind herauszustellen, zu reflektieren, zu ordnen, zu gewichten etc. Anschließend sind evtl. Zusammenhänge zu berücksichtigen und ganzheitliche Bezüge aufzustellen. Alle inhaltlichen Überlegungen sind abschließend in einer treffenden Aussage zu bündeln.

Beispiel: Ein Lern-Slogan zum Thema "Wie arbeitet das Gehirn beim Lernen ?"

Zum Abschluß einer Lerneinheit, in der die Teilnehmer die Verarbeitungspräferenzen der beiden Gehirnhemisphären und deren Bezug zur geistigen Leistungsfähigkeit erarbeitet haben, soll nun eine Zusammenfassung erfolgen. Da der Dozent sie nicht selbst geben und auch keinen Teilnehmer bitten möchte, wendet er die Slogan-Methode an:

Er schlägt vor, zu diesem Thema einen Slogan zu finden, mit dem man sich eine der zentralen Aussagen gut merken kann. Sein Arbeitsauftrag lautet: "Bitte finden Sie in Kleingruppen à 3 - 5 Personen einen Slogan, der eine zentrale Aussage des soeben erarbeiteten Themas beinhaltet. Stellen Sie hierzu alle wichtigen Aspekte noch einmal gemeinsam zusammen. Anschließend sammeln wir die Vorschläge im Plenum, und jede Gruppe wird ihren Slogan erläutern."

Am Ende der Gruppenarbeit stellt eine der Gruppen den folgenden Slogan vor: *"Rechts und Links - das bringt's"*. Mit ihm möchte sie nach einer Erläuterung der lateralen Verarbeitungsprinzipien die Notwendigkeit einer beidseitigen Verarbeitung von Informationen durch die beiden Gehirn-Hemisphären besonders betonen.

Die Vorbereitung

⇨ Besondere Vorbereitungen sind für diese Methode nicht zu treffen. Sollten Sie diese Methode mit Ihren Teilnehmern zum ersten Male durchführen, ist es jedoch ratsam, zwei bis drei Slogans aus anderen Themenbereichen parat zu haben, da Sie sicher nach Beispielen gefragt werden.

Die Vorgehensweise

⇨ Die Slogan-Bildung kann an verschiedenen Stellen im Seminar plaziert werden. Lern-Slogans lassen sich z.B. einsetzen

- punktuell als Merkhilfe, um wichtige Einzelelemente besser einzuprägen (z.B. Regeln, Prinzipien etc.);
- bei Inhalten, die aufgrund ihrer Vielschichtigkeit und damit verbundenen Komplexität nur schwer zu behalten sind;
- überhaupt bei allen Themen, die für den Lernerfolg von Bedeutung sind;
- als Abschluß von Erarbeitungsphasen;
- als Abschluß eines Themenkomplexes.

⇨ Die Suche nach Lern-Slogans kann in Seminaren sowohl in Einzel- und Partnerarbeit wie auch in Kleingruppenarbeit oder gemeinsam mit allen Teilnehmern im Plenum erfolgen.

5.4 Lern-Domino

Beim Lern-Domino handelt es sich um ein Spiel im eigentlichen Sinne, also um ein Party- oder Gesellschaftsspiel. Es steht beispielhaft für viele solcher Spiele, die in modifizierter Form zum Lernen genutzt werden können.

Die Idee

Nachdem ein Lernstoff vorgestellt, möglicherweise auch schon geübt worden ist, soll dieser Lernstoff anhand seiner zentralen Begriffe wiederholt werden. Zu diesem Zwecke werden Pinwand-Karten vom Dozenten vorbereitet, auf denen je ein zentraler Begriff steht.[13] Die verschiedenfarbigen Karten werden gemischt und an Gruppen von 2 - 4 Lernern ausgegeben. Dann erhalten die Gruppen Zeit, um sich mit den Begriffen auf ihren Karten vertraut zu machen (5 - 10 Min. reichen dafür i. d. R. aus). Dies geschieht im Gespräch.

Nach Ablauf der Gesprächszeit beginnt das eigentliche Spiel, indem die Gruppen (in einer bestimmten Reihenfolge) jeweils eine ihrer Karten an eine andere Karte anlegen. Bedingung dabei:

1. Die Karten passen farblich und inhaltlich zueinander.
2. Die inhaltliche Passung muß von der Gruppe erläutert werden.

Beispiel: Einführung in Expertensysteme

Am Ende eines Seminars, das in die Thematik "Expertensysteme" einführen soll, wird mit den Teilnehmern Lern-Domino gespielt. Der Dozent hat eine Art Kartenspiel mitgebracht, das Spielkarten in drei Farben enthält (rot = R;

[13] Die Karten können natürlich auch von den Lernern in geeigneter Weise beschriftet werden.

blau = B; grün = G). Weiterhin enthält das Kartenspiel auch solche Karten, die den Wechsel von der einen zur anderen Farbe erlauben (sog. Wechselkarten[14]).

Auf den Spielkarten stehen Begriffe wie:

Problemtypen (B)[15]	Expertenwissen (G)
Wissensrepräsentation (R)	Benutzer (R)
Problemlösungskomponente (R)	Experte (B)
Erklärungskomponente (G)	Problemlösungstypen (R)
Algorithmen (B)	Regeln (R)
5-Stufen-Modell (B)	Diagnostik (G)
MYCIN (R)	Rückwärtsverkettung (G)
Logik (G)	Programmierstil (B)

Die Karten werden gemischt und anschließend gleichmäßig auf vier Spielgruppen à drei Teilnehmer verteilt. Die Gruppen haben dann zehn Minuten Zeit, um sich mit den Begriffen vertraut zu machen bzw. sie sich wieder in Erinnerung zu rufen.

Das eigentliche Spiel beginnt damit, daß der Dozent eine Spielkarte, die er bis dahin zurückgehalten hat, auf den Boden legt bzw. in der Mitte einer Pinwand-Tafel befestigt. Auf der Karte steht:

Experten-
systeme (R)

---

[14] Anstelle der sog. Wechselkarten kann man jeder Gruppe einen Joker zum Farbwechsel zur Verfügung stellen.

[15] B = Blau / R = Rot / G = Grün.

Eine per Los bestimmte Spielgruppe darf mit dem Anlegen beginnen. Die Gruppe legt die Karte:

Wissensrepräsentation (R)

und führt dazu aus: "Der Begriff 'Wissensrepräsentation' paßt zu dem Begriff 'Expertensysteme', weil es die vorrangige Aufgabe von Expertensystemen ist, formalisiertes Wissen im Computer zu repräsentieren."

Weiter geht es mit der nächsten Gruppe. Sie hat keine rote Spielkarte zur Verfügung und legt deshalb eine Wechselkarte R/G (rot/grün).

An das grüne Ende der Kartenschlange legt die dritte Gruppe nun die Spielkarte:

Logik (G)

und erläutert: "Die 'Wissensrepräsentation' in Expertensystemen erfolgt meistens in Form von Regeln. Die Formalisierung des Schlußfolgerns mit Regeln ist der Gegenstand der Logik."

Das Spiel wird solange fortgesetzt, bis eine Gruppe ihre Spielkarten vollständig angelegt hat.

Das nachfolgende Beispiel eines gelegten Lern-Dominos verdeutlicht das Prinzip. In diesem Beispiel wurde eine Variante der beschriebenen Vorgehensweise durchgeführt: Nach dem Legen einer Farbwechselkarte darf hier mit einem neuen Stichwort begonnen werden, so daß die einzelnen Lern-Orte bzw. Lern-Bereiche des Lernstoffs deutlich werden.

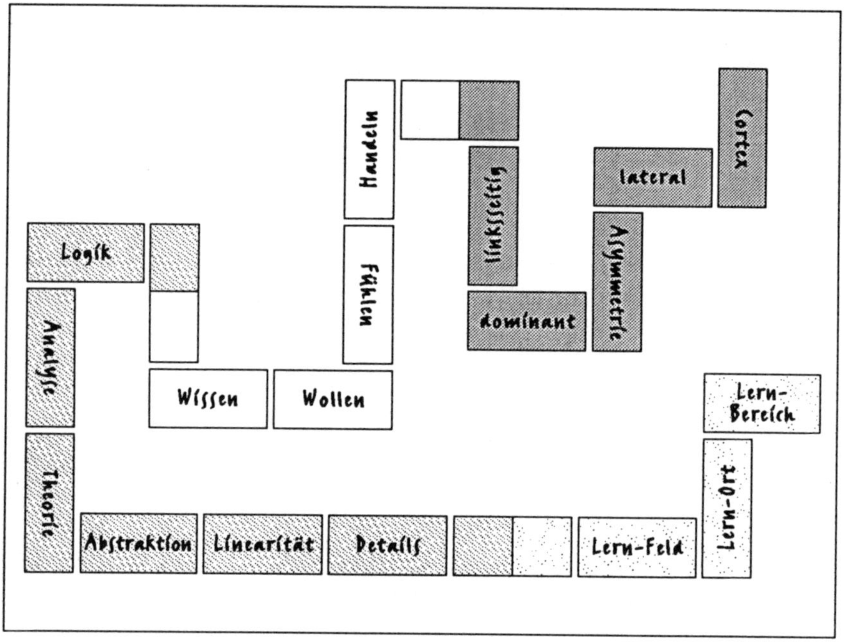

Abb. 19: Lern-Domino.

Die Vorbereitung

- ⇨ Folgende Gegenstände werden benötigt: Pinwand-Karten in zwei (oder mehr) Farben, beschriftet mit den zentralen Begriffen des Lernstoffes
- ⇨ Pinwand-Karten, die von einer Farbe zur anderen wechseln (oder: Joker)
- ⇨ Würfel, Drehscheibe oder ähnliches zur Bestimmung derjenigen Gruppe, die mit dem Spiel beginnt
- ⇨ Startkarte

Die Vorgehensweise

- ⇨ Erklärung der Spielregeln
- ⇨ Einteilung der Gruppen
- ⇨ Mischen und Verteilen der beschrifteten Karten
- ⇨ 5 - 10 Min. Beratungszeit zur Klärung der Begriffe in der eigenen Gruppe
- ⇨ Start des Spiels mit der Auslosung der Startgruppe
- ⇨ Anlegen (wer kann) mit der Erklärung der inhaltlichen Passung
- ⇨ Ende des Spiels, wenn eine Gruppe alle Karten angelegt hat.

5.5 Lern-Quiz

Spiele, bei denen es etwas zu erraten gibt, bereiten gewöhnlich viel Spaß und werden gern angenommen. Sie haben zudem einen recht hohen Unterhaltungswert (und werden deshalb häufig im Fernsehen in die Form von Quiz-Sendungen gebracht).

Der Ratespaß kann auch für seminaristische Zwecke genutzt werden, wobei dem Einfallsreichtum des Dozenten keinerlei Grenzen gesetzt sind.[16]

Die Idee

Auch das Lern-Quiz dient der aktiven Verarbeitung von Informationen. Durch das Stellen von Fragen und deren Beantwortung soll aktives Lernen in spielerischer Form realisiert werden.

Fragen und Antworten werden vom Dozenten schriftlich festgehalten. Um möglichst flexibel bei der Durchführung eines Lern-Quiz zu sein, sollten die Fragen und evtl. die Antworten auf Pinwand-Karten notiert werden.

Es sind grundsätzlich mehrere Formen des Lern-Quiz möglich. Wir unterscheiden das Lern-Quiz nach der sozialen Form, in der es gespielt wird. Regelmodifikationen bzw. erweiterungen zur Variation sind immer möglich und sogar erwünscht, um das Quiz lebendig zu erhalten.

Wird das Lern-Quiz im Seminar gespielt, so sind zwei unterschiedliche Varianten zu nennen, an denen das Spektrum der Spielmöglichkeiten aufgezeigt werden kann.

---

[16] Siehe auch die Methode "Gruppen-Turnier" in: Wahl, D. u.a.: Erwachsenenbildung konkret - Mehrphasiges Dozententraining. Weinheim 1991. S.188.

a) In der ersten Variante wird das Lern-Quiz im Plenum gespielt. Es werden mehrere Gruppen (mit 2-4 Personen) gebildet. Jede Gruppe erhält eine bestimmte Anzahl von Quiz-Karten mit Fragen.

Den Gruppen wird nach der Ausgabe der Quiz-Karten ein paar Minuten Zeit gegeben, um sich über die Fragestellungen und die entsprechenden Antworten auszutauschen. In dieser Phase findet der eigentliche Lernprozeß statt.

Nach Ablauf der Zeit beantworten die Gruppen die ihnen gestellten Aufgaben im Plenum. Ein möglichst häufiger Wechsel der Gruppen bei der Beantwortung der Fragen ist sinnvoll.

b) In der zweiten Variante findet das Frage- und Antwort-Spiel in Kleingruppen von 2-4 Teilnehmern statt. Jede Gruppe erhält eine bestimmte Anzahl von Quiz-Karten, auf der die Fragen und auf der Rückseite die korrekten Antworten notiert sind.

Bei einer Gruppenstärke von drei Teilnehmern verläuft das Lern-Quiz wie folgt:

Der erste Lerner nimmt die Quiz-Karte auf und verliest die Fragestellung. Der zweite Lerner versucht, die Frage zu beantworten. Der dritte Lerner ergänzt bzw. korrigiert die gegebene Antwort.

Beispiel: Gruppen-Quiz im Plenum

In einem Elektrotechnik-Grundkurs sind die physikalischen Größen Spannung, Strom und Widerstand behandelt worden. Zur aktiven Verarbeitung / Wiederholung hat sich der Dozent einige Aufgaben überlegt, die er auf Pinwand-Karten geschrieben hat.

Aus den zwölf Teilnehmern des Kurses werden vier Gruppen à drei Teilnehmer gebildet, von denen jede drei Aufgabenkärtchen erhält. Jede Gruppe hat unterschiedliche Aufgaben zu bewältigen.

Nachdem den Gruppen eine Viertelstunde Zeit zum Überlegen gegeben wurde, werden die Ergebnisse im Plenum vorgetragen. Eine Gruppe hatte dabei die folgende Aufgabe zu bewältigen:

"Wie groß ist der Gesamtwiderstand R bei zwei parallel geschalteten Widerständen R1 und R2 ? R1 = 200 Ohm; R2 = 300 Ohm."

Die Gruppe gibt die richtige Antwort:

"Der Gesamtwiderstand errechnet sich nach der Formel:

$1/R = 1/R1 + 1/R2$,

d. h. $1/R = 1/200 + 1/300 = 5/600$ Ohm,

d. h. R = 120 Ohm."

Beispiel: Lern-Quiz in der Kleingruppe

In einem Kurs über moderne Malerei sind den Teilnehmern verschiedene Stilrichtungen mit deren wichtigsten Repräsentanten vorgestellt worden. Zur aktiven Verarbeitung / Wiederholung des Gelernten wird nun ein Lern-Quiz in Kleingruppen durchgeführt.

Jede Gruppe besteht aus drei Lernern, die insgesamt neun Quiz-Karten erhalten. Gefragt wird im Uhrzeigersinn.

Ein Lerner liest die erste Frage vor: "Was fällt Ihnen zu dem Stichwort Kubismus ein ?" Der nächste Lerner (im Uhrzeigersinn) beantwortet die Frage: "Das ist eine Stilrichtung, bei der die vorgegebenen Gegenstände in geometrische Formen wie z. B. Dreiecke, Rechtecke etc. zergliedert werden. Der Betrachter muß dann das Bild wie ein Puzzle zu einer Einheit zusammensetzen." Der dritte Lerner ergänzt noch: "Der Kubismus ist so etwa um 1910 entwickelt worden. Mir fallen dazu die Namen Picasso und

Braque ein." Und schließlich bestätigt der erste Lerner die Richtigkeit der Antworten durch einen Blick auf die Rückseite der Quiz-Karten.

Die Vorbereitung

Der wesentliche Teil der Vorbereitung besteht darin, Aufgaben / Fragestellungen auszuarbeiten, die dem vermuteten Kenntnisstand der Lerner entsprechen. Zu leichte oder zu schwere Aufgaben sollten nicht gestellt werden.

Bei der Formulierung der Aufgaben / Fragen ist darauf zu achten, daß

- diese verständlich abgefaßt sind und
- eine möglichst eindeutige Lösung existiert.

Die Aufgaben / Fragen werden dann auf Quiz-Karten geschrieben, die Fragestellung auf die Vorderseite, die Antwort auf die Rückseite.

Die Vorgehensweise

⇨ Bildung der Quiz-Gruppen

Gruppenquiz im Plenum

- Verteilung der Quiz-Karten (gleiche Anzahl pro Gruppe)
- Zeit zum Überlegen
- Beantwortung der Fragen im Plenum.

Lern-Quiz in der Kleingruppe

- einen Satz Quiz-Karten pro Gruppe
- Raten im Uhrzeigersinn.

5.6 Analogiespiel

Im folgenden möchte ich Ihnen ein Spiel vorstellen, dessen Besonderheit darin liegt, daß die Spielregeln und die zu erlernenden Inhalte beinahe identisch sind. Auch in diesem Spiel steht die aktive Verarbeitung des Lernstoffs im Vordergrund, wenngleich es sogar denkbar ist, daß sich die Inhalte über dieses Spiel erarbeiten lassen.

Die Idee

Analogiespiele können immer dann eingesetzt werden, wenn es sich bei dem Lernstoff weniger um Faktenwissen als vielmehr um eine Art Regelwissen handelt. Der Lernstoff sollte also sinnvollerweise mehr aus Regeln denn aus Fakten bestehen.

Der Witz (bzw. die Grundidee des Spiels) besteht nun darin, daß die zu lernenden Regeln auf eine Spielsituation übertragen werden, d. h. die zu lernenden Regeln werden als Spielregeln genutzt. Hierbei werden die Regeln nicht - wie sonst üblich - abstrakt-theoretisch aufgenommen, sondern spielerisch (handelnd) erfahren und geübt.

Die Idee des Analogiespiels ist einem Buch von Manfred Eigen und Ruthild Winkler mit dem Titel "Das Spiel Naturgesetze steuern den Zufall" entliehen. In diesem Buch interpretieren die Autoren "das Spiel als das Naturphänomen, das in seiner Dichotomie von Zufall und Notwendigkeit allem Geschehen zugrunde liegt."[17]

Eigen/Winkler meinen die Elemente des Spiels, Zufall und Regel, in Natur und Gesellschaft wiederzufinden. Sie nutzen diesen Ansatz in didaktischer Weise, indem sie mehrere, meist selbstentwickelte Spiele vorstellen, die reale

---

[17] Eigen, M. u. R. Winkler: Das Spiel - Naturgesetze steuern den Zufall. 8. Aufl. München 1987.

Gegebenheiten modellhaft abbilden. Eines dieser Spiele soll hier kurz erläutert werden, um zur Entwicklung ähnlicher Spiele anzuregen.

Beispiel: Das RNS-Spiel

Dieses Spiel könnte durchaus auch als "Evolutionsspiel" bezeichnet werden, denn mit ihm verbinden Eigen / Winkler die Absicht, die Leser / Spieler in die Eigenheiten evolutionärer Prozesse einzuführen.

Die Autoren beschreiben ihr RNS-Spiel wie folgt:

> "Jeder Spieler bekommt eine Kette mit insgesamt achtzig Gliedern, die aus einer regellosen Folge von roten, grünen, blauen und gelben Perlen besteht. Der Name RNS-Spiel läßt erraten, daß die Farbgebung sich auf die vier Bausteine der Ribonukleinsäure (RNS) bezieht. Die Komplementärfarben: rot-grün und blau-gelb bezeichnen jeweils die Nukleobasen, die sich in der Natur bevorzugt aufgrund spezifischer Kraftwirkungen zu Komplementärpaaren aneinanderlagern. Zwei Arten von Kupplungsverbindungen: die eine verknüpft die rote mit der grünen und die andere die blaue mit der gelben Perle, repräsentieren die Wasserstoffbrücken, die die komplementären Nukleobasen zusammenhalten.
>
> Da es sich hier um ein "Evolutionsspiel" handelt, gibt es auch einen Mutationswürfel, und zwar in Form eines Tetraeders, dessen vier Flächen die Farben rot, grün, blau und gelb tragen. Mit diesem Würfel wird in jeder Spielrunde eine in einer bestimmten Position befindliche Perle entsprechend der erwürfelten Farbe "mutiert".
>
> Ziel des Spiels ist es nun, aus einer Zufallsanordnung der Kette möglichst schnell eine (ebene) Faltungsstruktur herzustellen, die sich durch eine maximale Zahl von komplementären Paaren auszeichnet. Der Mutationswurf gilt jeweils für

die vorher vom Spieler angesagte Perle, und nur diese darf entsprechend der erwürfelten Farbe ausgewechselt werden, wann immer es vorteilhaft erscheint. Dabei müssen die folgenden Spielregeln strikt beachtet werden.

1. Sterische Regel

Die Ausbildung von Basenpaaren zwischen verschiedenen Regionen einer Sequenz kann nur durch Faltung der Kette in der Ebene bewirkt werden, wobei notwendigerweise Schlaufen entstehen müssen. Aus sterischen Gründen dürfen jeweils fünf Perlen in einer solchen Schlaufe *keine* Paarbindungen eingehen.

2. Komplementaritätsregel

Wenn in der gefalteten RNS-Struktur zwei Perlen mit komplementären Farben (also rot-grün bzw. blau-gelb) einander gegenüberliegen und gleichzeitig die dritte Regel erfüllt ist, gelten sie als Paar und werden durch eine Kupplung zusammengefügt.

3. Kooperativitätsregel

Die Verkopplung zueinander komplementärer Perlen zu einem Paar darf erst dann erfolgen, wenn in ununterbrochener Reihenfolge mindestens vier rot-grüne und ein blau-gelbes oder zwei blau-gelbe Paare auftreten. Für diese stabilen Basenpaare braucht nicht weitergewürfelt zu werden. Sie gelten als selektiert.

Bewertung

Das Spiel endet nach einer vorgegebenen Zahl von Runden oder "vorzeitig", sobald ein Spieler eine vollständig gepaarte Struktur vorweist. Gewinner ist in jedem Falle, wer die höchste Punktzahl erreicht. Jedes rot-grüne Paar (A-U) ergibt einen, jedes blau-gelbe Paar (G-C) zwei Punkte. Diese Art der Bewertung entspricht exakt der Wirklichkeit: Die Stabilität kooperativer G-C-Paare ist doppelt so hoch wie die der A-U-Paare. Es zählen aber nur die Kombinationen, die sich in kooperativen Regionen befinden, denn Einzelpaare sind bei Raumtemperatur instabil.

Bevor das Würfeln einsetzt, sucht jeder Spieler zuerst einmal seine Kette nach zufällig vorhandenen Komplementärpartnern ab, indem er die Kette irgendwie faltet und ausprobiert, welches Faltungsmuster die meisten "verborgenen" Komplementaritäten enthält. Das einfachste Muster wäre die Haarnadel; sie hat nur eine Schlaufe und bietet damit die maximal mögliche Zahl von Paaren. Aber es kommt nicht allein darauf an, *so viele* Paare *wie möglich* zu bilden, sondern auch *so schnell wie möglich* eine gepaarte RNS-Struktur fertigzustellen. So wird man also bald herausfinden, daß man mit Mustern, die einem drei- oder vierblättrigen Kleeblatt entsprechen, schneller das Ziel erreicht. Mit Hilfe dieser Strukturen gelingt es am ehesten, sich aufgrund einer relativ hohen Zahl von zufälligen Komplementärpaaren eine optimale Ausgangssituation zu schaffen. Allerdings muß wegen der Kooperativitätsregel jedes "Blatt" noch eine bestimmte Mindestmenge von Perlen enthalten. Da pro Blatt jeweils fünf Perlen in der Schlaufenregion für die Bildung von komplementären Paaren verlorengehen, ergibt sich ein optimales Faltungsmuster, das von der Länge der Kette abhängt. Bei achtzig Perlen sind es gerade drei- bis vierblättrige Kleeblätter."[18]

Das RNS-Spiel kann natürlich auch gespielt werden, wenn man darauf verzichtet, die bio-chemischen Einzelheiten aufzuführen. Dann wird man nur von roten, grünen, blauen und gelben Spielfiguren reden, die in eine bestimmte Anordnung zu bringen sind.

---

[18] Eigen, M. u. R. Winkler, a. a. O., S. 319 ff.

Die Vorbereitung

Die Regeln, die einem Teil der Realität entnommen sind, müssen sorgfältig in Spielregeln umgewandelt werden. Es empfiehlt sich unbedingt, die Spielregeln schriftlich zu fixieren und darauf zu achten, daß keine Regeln übersehen werden.

Die Vorgehensweise

⇨ Beschreibung der Ausgangssituation
⇨ Vorstellung der Spielregeln (am besten an Beispielen)
⇨ Einteilung der Spielgruppen
⇨ Beginn des Spiels
⇨ Auswertung des Spiels (Strategien, Rolle des Zufalls etc.)

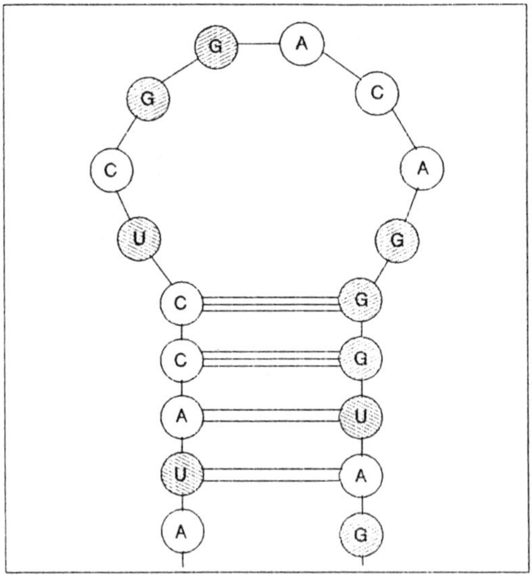

Abb. 20: Das RNS-Spiel (A = rot, U = grün, C = gelb, G = blau). Nach: Eigen, M. u. R. Winkler, a.a.O., S. 320.

5.7 Partner-Patience

Eine weitere Anregung, die ich Ihnen in diesem Buch geben möchte, nutzt die altbewährte Technik des Lernens mit Lernkarten. Die Arbeit mit Lernkarten, die man z.B. im Rahmen einer Lernkartei erstellt und gesammelt hat, gehört heute zu den "klassischen" Methoden des Lernens. Vor allem immer dann, wenn das Erlernen vieler Einzelheiten eines Lerngebietes notwendig wird, ist die Arbeit mit einer Lernkartei für den Lernenden eine sehr wertvolle Unterstützung. Denken Sie hierbei nur an das Lernen der Vokabeln einer Fremdsprache. Auch die komplizierte Fachsprache eines komplexen Sachgebietes, wie z.B. in der Medizin, sowie das Erlernen von Regeln und Gesetzen in der Jurisprudenz, der Schieds- und Wertungsrichterausbildung im Sport oder der Fortbildung im Steuerwesen sind beispielhafte Anwendungsgebiete.

Wenngleich die Partner-Patience eher zu den Techniken des Auswendiglernens zu rechnen ist, so ist sie eine durchaus hilfreiche Methode, mit Hilfe derer sich besonders schwierig zu erinnerndes bzw. zu behaltendes, wichtiges Lernmaterial intensiv bearbeiten läßt.[19]

Die Idee

Die Partner-Patience greift auf die Regeln der "Lern-Patience" zurück, die z.B. von Leitner (1987) und Stamman-Füssel (1989) als individuelle Lerntechnik mit dem Schwerpunkt des leichteren Auswendiglernens beschrieben wurde. In der Lern-Patience geht es darum, zu lernende Sachverhalte, die in Stichworten oder Fragen auf den Vorderseiten der Lern-Karten aufgeschrieben sind, zu erinnern und jeweils nacheinander unter Einhaltung bestimmter Spielregeln zu erklären bzw. zu beantworten.

---

[19] Vgl. die "Lern-Patience" bei: Leitner, S.: So lernt man lernen. Freiburg, Basel, Wien. 14.Aufl. 1987. S.119-125. Ebenso bei: Stammann-Füssel, M.P.: Lerntechniken als ganzheitliche Lernstrategie. In: Grundlagen der Weiterbildung - Praxishilfen. Neuwied 1989. S.29-30.

Als Lern-Technik gehört die Lern-Patience ursprünglich zu den Techniken des Einzellernens, die ohne fremde Hilfe oder Zusammenarbeit mit anderen Lernern bewältigt werden. In Unterrichten läßt sie sich allerdings hervorragend als Partnerarbeit durchführen.

Beide Durchführungsformen haben unterschiedliche Zielstellungen: Während in der Einzelarbeit das Auswendiglernen angestrebt wird, steht in der seminaristischen Partnerarbeit - z.B. mit dem "Lern-Larry" (vgl. Abschnitt 4.4) - die intensive, aktive Auseinandersetzung mit dem Lernstoff im Vordergrund. Das eher mechanische Auswendiglernen ist hierbei lediglich ein untergeordneter Gesichtspunkt. In der Partnerarbeit geht es primär darum, wichtige Lernstoffbausteine nicht nur zu erinnern, sondern letztendlich zu versprachlichen. Die beiden Lern-Partner befinden sich hierbei in zwei unterschiedlichen Rollen:

1. Zum einen nimmt man die Rolle des aktiven Redners ein, der sich im Rahmen der Partnergruppe erinnern und den Sachverhalt richtig formulieren muß,
2. zum anderen schlüpft man in die Rolle des Zuhörers und Helfers, der den Partner korrigiert, ihm weiterhilft und Ergänzungen anfügt.

Durch das expressive Lernhandeln liegt der Schwerpunkt eher im aktiven Verarbeiten des Lernstoffs und weniger im rezeptiven Aufnehmen.

Die Vorbereitung

⇨ Vor dem Beginn müssen die Regeln den Teilnehmern vorgestellt und kurz geübt werden. Eine schriftliche Beschreibung der Partner-Patience kann hilfreich sein.

⇨ Die Lern-Karten müssen vor Beginn der Patience vorbereitet sein. Nachfolgend drei Vorschläge für die Erstellung der Kartensätze:

1. Am zeitsparendsten ist es, wenn Sie leere Karten in der von Ihnen vorgesehenen Anzahl an die Partner-Paare verteilen und die zu erklärenden Begriffe oder zu beantwortenden Fragen anschließend zum Mitschreiben vorgeben. Bei dieser Vorgehensweise müssen die Lernenden

die gesuchten Antworten und Erklärungen aus dem schriftlichen Begleitmaterial (z.B. den Teilnehmer-Unterlagen) entnehmen.

2. Am aufwendigsten ist es natürlich, wenn Sie die benötigten Kartensätze vor dem Unterricht selbst anfertigen. Hierbei sollten die Rückseiten der Karten möglichst mit den jeweiligen Antworten oder Erklärungen versehen sein (kopieren und aufkleben).

3. Interessant ist die folgende Vorgehensweise: Machen Sie Ihre Teilnehmer bereits zu Beginn des Seminars mit der Erstellung von Lern-Karten vertraut. Fordern Sie sie auf, bereits von Beginn an eigene Lern-Karten zu den jeweils wichtigen Sachverhalten zu erstellen. Legen Sie hierzu kurze Schreib-Stops ein (vgl. Abschnitt 4.1). Wenn Sie zu den benötigten Sachverhalten die jeweiligen Lern-Karten erstellen lassen, können diese später in Ihrer Partner-Patience verwendet werden.

Die Vorgehensweise

In meinen Seminaren habe ich - abweichend von den Beschreibungen der o.g. Autoren - die nachfolgend vorgeschlagene, leicht abgeänderte Variante mit einer großen Zahl von erwachsenen Teilnehmern erprobt:

Die Teilnehmergruppe wird zunächst in Partnergruppen aufgegliedert. Jedes Lern-Paar benötigt für die Durchführung der Partner-Patience einen Satz Lern-Karten. Um sich auf eine Bearbeitungszeit von ca. 30 Minuten einstellen zu können, sollte jedes Paar zwischen zehn und fünfzehn Lern-Karten besitzen. Je nach Schwierigkeitsgrad des zu bearbeitenden Lernstoffs, nach der Ihnen im Seminarverlauf für diese Phase des Unterrichts zur Verfügung stehenden Zeit, nach dem Grad der Beherrschung des Lernstoffs durch die Teilnehmer und nach der jeweils spezifischen Zielsetzung, mit der Sie die Partner-Patience bearbeiten lassen, ist zu empfehlen:

- weniger Karten - ca. 10 Stück - bei komplexeren bzw. schwierigen Inhalten oder niedrigem Beherrschungsgrad (hier steht die Stoffaufnahme im Vordergrund !);

- mehr Karten - ca. 15 Stück - bei weniger komplexen bzw. einfachen Lerninhalten oder höherem Grad der Vertrautheit mit dem Lernstoff.

Auf der Vorderseite jeder Karte befindet sich ein Stichwort, das zu erklären ist, oder eine Frage, die zu beantworten ist; denkbar sind auch Skizzen, die es zu erklären gilt. Auf den Rückseiten der Karten können nun die richtigen Antworten oder Darstellungen der zu erklärenden Sachverhalte enthalten sein - notwendig ist dies jedoch nicht. Denkbar ist auch, daß die Lern-Partner z.B. anhand der Seminar-Unterlagen bzw. ihrer Mitschriften eine Antwort suchen.

Jedes Paar geht nun folgendermaßen vor (es empfiehlt sich, die folgende Beschreibung der Lern-Patience bereits parallel zum Lesen mit ein paar Kartei- oder Pinwand-Karten nachzuvollziehen !):

Drei Karten werden nebeneinander mit der Vorderseite nach oben auf den Tisch gelegt (die restlichen verbleiben im Stapel):

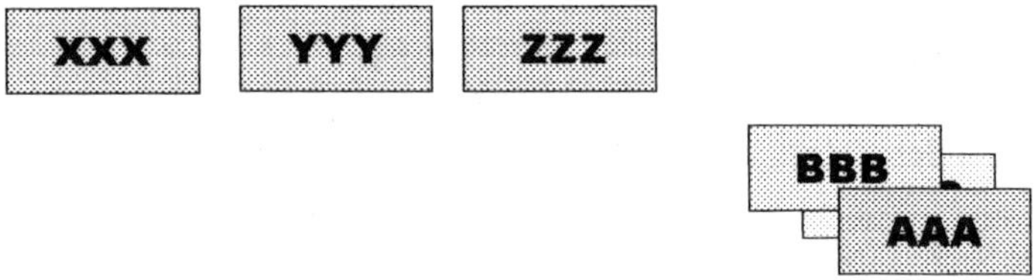

Mit der linken Karte startet man den ersten gemeinsamen Erklärungsversuch. Kann ein Begriff nicht vollständig erklärt oder die Frage nicht richtig beantwortet werden, ist in jedem Falle zunächst eine fachliche Klärung herbeizuführen. Die Lösung steht entweder auf der Rückseite der Karte oder muß anhand von sonstigem Lern-Material (z.B. Teilnehmer-Unterlagen) gefunden werden. Anschließend wird die Karte an das rechte Ende der Reihe gelegt und alle Karten um eine Position nach links geschoben:

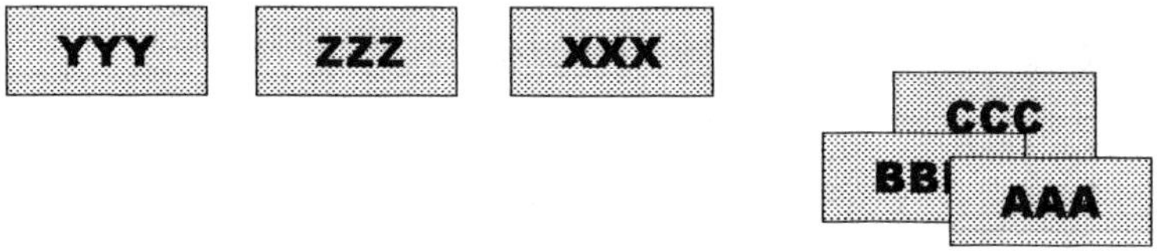

Die ursprüngliche Dreier-Stellung ist also wiederhergestellt, und man beginnt nun mit dem zweiten Erklärungsversuch - wieder mit der links liegenden Karte. Kann auch dieser Versuch nicht als erfolgreich angesehen werden, wandert diese Karte ebenfalls nach rechts, alle drei Karten werden erneut um eine Position nach links verschoben und der dritte Versuch startet mit der neuen linken Karte:

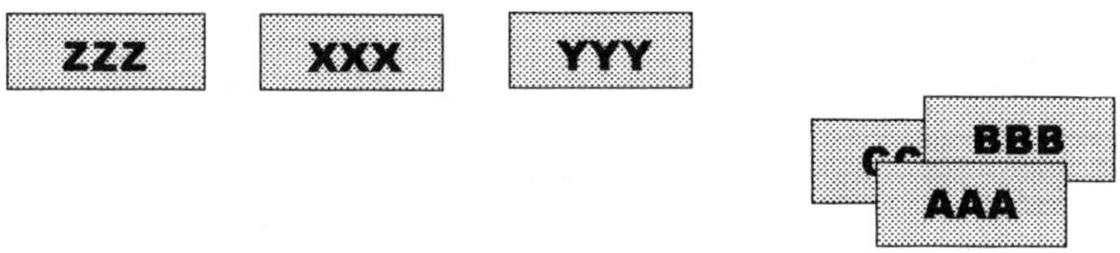

Es wird solange derart verfahren, bis ein Erklärungsversuch von beiden Partnern als erfolgreich angesehen wird. In diesem Fall wird die betreffende Karte eine Reihe höher in die 2.Ebene an die linke Position gelegt:

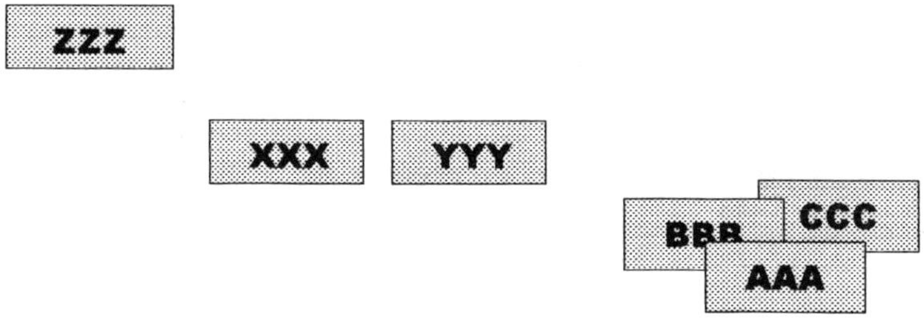

Die zwei verbliebenen Karten der unteren Reihe (1.Ebene) werden nun wieder um eine Position nach links geschoben und die Lücke (rechts) mit einer neuen Karte aus dem Stapel aufgefüllt:

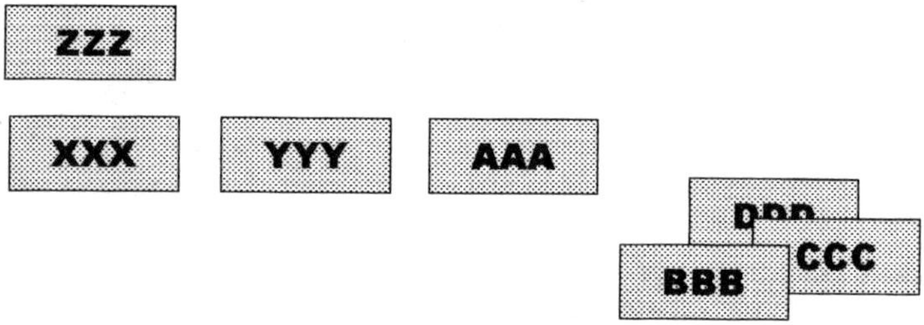

Wurde eine zweite Karte erfolgreich bearbeitet, wandert diese ebenso in die 2.Ebene und wird rechts neben die erste Karte gelegt:

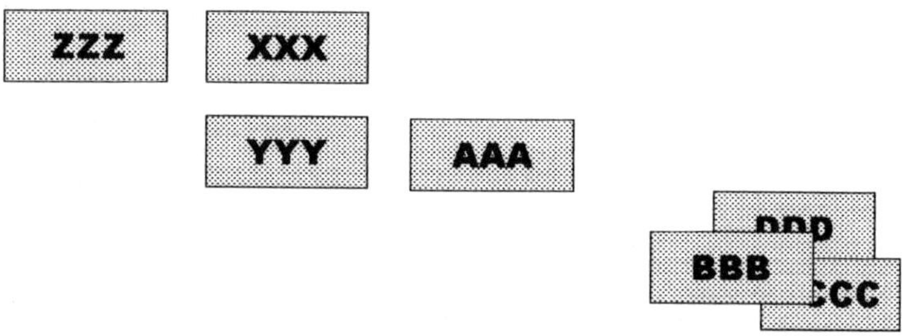

In der ersten Ebene wird wieder nach links verschoben und am rechten Ende vom Stapel aufgefüllt. In der ersten Ebene müssen immer drei Karten liegen:

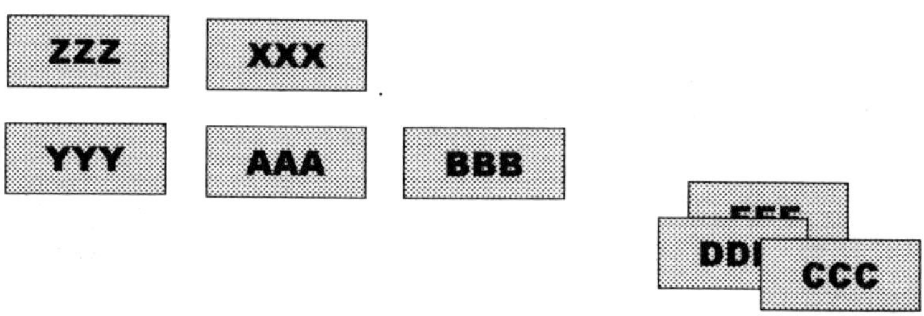

Ist die 2.Ebene ebenfalls mit drei Karten gefüllt, wird - nachdem die erste Ebene wieder auf drei Karten aufgefüllt wurde - mit der linken Karte dieser 2.Ebene (hier: ZZZ) weitergemacht:

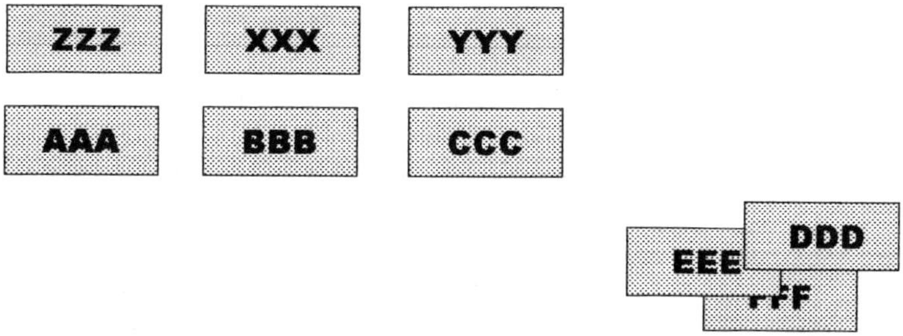

Wurde sie erfolgreich bearbeitet, wandert sie eine Ebene höher in die 3.Ebene, die verbleibenden Karten werden um eine Position nach links verschoben. In der 2.Ebene verbleibt rechts eine Lücke, die mit einer Karte der 1.Ebene aufzufüllen ist, sofern diese erfolgreich abgearbeitet ist:

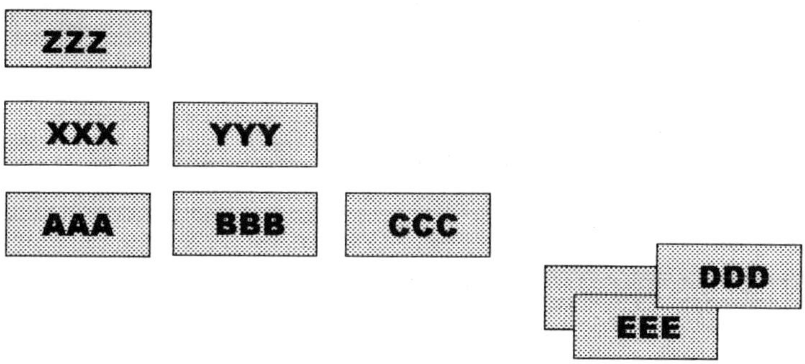

Würde die linke Karte der mit drei Karten vollständig besetzten 2.Ebene (hier: ZZZ) nicht erfolgreich bearbeitet werden können, hätte sie in derselben Reihe wieder rechts eingereiht werden müssen:

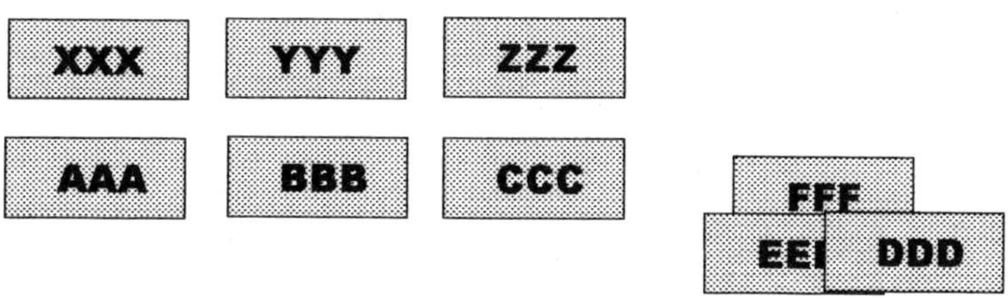

Der weitere Verlauf gestaltet sich nun wie zuvor beschrieben. Legen Sie vorher fest, über wie viele Ebenen die Teilnehmer spielen sollen. Angenommen, Sie geben einen Spielverlauf bis zur vollständigen 3.Ebene vor, so würde einen Karte, die in die 4.Ebene käme, aus dem Spiel genommen werden. Die Partner-Patience ist dann beendet, wenn alle Karten die 4.Ebene erreicht haben:

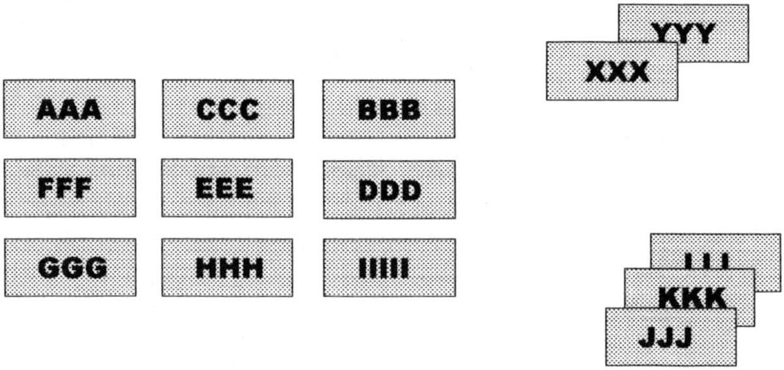

Zusammengefaßt lauten die Regeln der hier für die Arbeit in Partnergruppen beschriebenen Partner-Patience wie folgt:

- In allen Ebenen wird durchweg mit der linken Karte gearbeitet.
- Eine erfolgreich bearbeitete Karte gelangt immer in die nächst höhere Ebene.
- Jede neue Ebene wird von rechts nach links aufgefüllt.
- Neue Karten dürfen ausschließlich in die rechte Lücke der 1.Ebene eingefügt werden.
- In der untersten Ebene befinden sich immer drei Karten.
- Jede Ebene darf maximal drei Karten enthalten.
- Es darf keine Ebene übersprungen werden.
- Eine nicht erfolgreich bearbeitete Karte wird am rechten Ende der Reihe erneut eingeordnet.

5.8 Lern-Tabu[20]

Hierbei handelt es sich um ein Spiel, das ebenfalls als Gesellschaftsspiel vorliegt. Beim Erraten eines Begriffs oder eines Sachverhalts dürfen bestimmte Wörter - eben jene, die tabu sind - nicht verwendet werden.

Die Idee

Zum Abschluß einer Unterrichtsphase, in der u.a. bestimmte Begriffe bzw. Sachverhalte erarbeitet wurden, bietet sich eine Form der Wiederholung an, die auf das "Verstehen" des Gelernten abhebt. Es wird den Teilnehmern aufgegeben, einige der neu erlernten Begriffe zu notieren. Zu jedem der Begriffe sollen Sie darüber hinaus eine bestimmte Anzahl von Wörtern aufschreiben - die sogenannten Tabu-Wörter -, die zur Erklärung des Begriffs nicht herangezogen werden dürfen.

Das Lern-Tabu kann z.B. mit mehreren Lerngruppen gespielt werden. In dieser Variante wird pro Gruppe eine bestimmte Anzahl von Begriffen mit den jeweiligen Tabu-Wörtern auf jeweils einer Pinwand-Karte notiert. Die erste Karte mit dem ersten Begriff wird dann an ein Mitglied einer anderen Gruppe ausgegeben. Dieser Lerner versucht nun, den Begriff oder Sachverhalt zu umschreiben. Auf keinen Fall darf er dabei die Tabu-Wörter benutzen. Gelingt ihm die Umschreibung (ohne die Tabu-Wörter zu benutzen) und können die Mitglieder seiner Gruppe die richtige Lösung erraten, so erhält diese Gruppe einen Punkt (oder eine andere Form von "Belohnung") und gibt ihrerseits eine Begriffskarte an ein Mitglied der nächsten Gruppe.

Es gibt auch eine Variante mit einzelnen Lernern, bei der eine eigene Begriffskarte an den Nachbarn weitergegeben wird. Diesem fällt die Aufgabe des Umschreibens zu. Gelingt es den verbleibenden Lernern, den Begriff zu erraten, so wird der erklärenden Person eine "Belohnung" zuteil.

---

[20] Ein herzliches Dankeschön geht an Herrn Dieter Lukaschek (BfA), der dieses Lernspiel in seinen Seminaren entwickelt und erprobt hat.

Beispiel: "Garten"-Tabu mit zwei Lernern

In einem Kurs für Hobbygärtner sind verschiedene Sachverhalte besprochen worden. Zum Abschluß des Kurses spielt der Kursleiter mit seinen Teilnehmern Lern-Tabu.

Er teilt die Gruppe in zwei Spielgruppen ein, die sich verschiedene themenbezogene Begriffe einschließlich der Tabu-Wörter überlegen und diese auf Pinwand-Karten notieren. Nachdem diese Vorbereitungsphase beendet ist, setzen sich die Teilnehmer in Kreisform, wobei sich abwechselnd jeweils ein Mitglied der ersten und zweiten Gruppe nebeneinander plazieren. Ein Spieler der ersten Gruppe beginnt das Spiel und zieht eine Karte der zweiten Gruppe. Dann versucht er, den zu erratenden Begriff zu umschreiben.

'Gartenzaun' ist diesmal zu erraten und damit für das Ratespiel tabu. Automatisch sind Teile dieses Begriffs (Garten, Zaun), aber auch abgeleitete Begriffe (Gemüsegarten, Umzäunung, einzäunen, umzaunen usw.).

Darüber hinaus werden weitere (z.B. vier) Tabu-Wörter festgelegt, die das Erraten des Begriffs erschweren sollen, z.B.:

- Blumenbeet
- Maschendraht
- Rasen
- Rasenmäher

Rechts und links neben dem Spieler der ersten Gruppe sitzen (gemäß der Sitzordnung) zwei Mitspieler der zweiten Gruppe und überwachen die Einhaltung der Tabu-Regeln.

Die Vorbereitung

- ⇨ Pinwand-Karten
- ⇨ Stifte
- ⇨ evtl. Sitzordnung

Die Vorgehensweise

- ⇨ Erklären Sie die Spielregeln (dabei u.a. Anzahl der zu erratenden Begriffe; Anzahl der Tabu-Wörter)
- ⇨ Einteilung der Gruppen (bei der Gruppen-Variante)
- ⇨ Festlegung der zu erratenden Begriffe bzw. Sachverhalte und der jeweiligen Tabu-Wörter durch die Gruppen
- ⇨ Start des Spiels mit der Auslosung der Startgruppe
- ⇨ Eine Karte wird an ein Mitglied der nächsten Gruppe (Beachtung der Reihenfolge) ausgegeben. Dieser Lerner versucht nun den Begriff umschreibend zu erklären.
- ⇨ Die anderen Gruppenmitglieder versuchen den Begriff zu erraten (Ratezeit beachten, evtl. Zahl der Rateversuche vereinbaren).
- ⇨ "Belohnung" für die Gewinner

6. Ein bißchen Theorie

Abschließend ein wenig Theorie ! Mit einigen wenigen ausgewählten theoretischen Aspekten möchte ich Ihnen einen vertiefenden Einblick in die überaus faszinierende Welt des Lernens geben:

Wie verarbeitet unser Gehirn seine Informationen im Wechselspiel zwischen rechter und linker Hemisphäre ? Wie ist unser Gedächtnis aufgebaut ? Warum ist unser Denken und Lernen von Person zu Person so individuell ? Und was verbirgt sich hinter dem Mode-Begriff des "ganzheitlichen Lernens" ?

6.1 Links und rechts - nicht nur in der Politik !

Wenn ich den Teilnehmern meiner Seminare die "Links-Rechts-Organisation" unseres Gehirns vor Augen führen möchte, greife ich zu einem Experiment, das diesen Sachverhalt auf verblüffende Weise verdeutlicht: Mit einer Overhead-Projektion zeige ich ihnen für einen kurzen Moment die unten abgebildete Zeichnung. Sie zeigt ein Objekt, von dem ich absolut sicher sein kann, daß es jederman bekannt ist. Versuchen Sie es selbst (betrachten Sie das Bild jedoch bitte nur kurze Zeit, da Sie sonst Einflüsse einbringen, die das Experiment stören würden): Erkennen Sie das "Etwas", das hier abgebildet ist ? Ich bin sicher, auch Sie werden es mehrmals in Ihrem Leben zu Gesicht bekommen haben !

Abb. 21: Rätselbild (n. Dallenbach, K.M.: A puzzle picture with a new principle of concealment. Amer. J. Psychol. (1951) 64. S.431).

Da Sie nun weiterlesen, haben Sie es vielleicht erkannt - oder haben Sie etwa auch nur weiße und schwarze Flächen gesehen oder feine Striche von dickeren unterschieden, so wie viele meiner Teilnehmer in den Seminaren ? Ist es nicht eigenartig, daß wir etwas betrachten, von dem wir sicher sein können, daß wir es kennen - und dennoch, wir erkennen es nicht ?

Offensichtlich ist unser Gehirn nicht in der Lage, eine Leistung zu erbringen, die wir doch wie selbstverständlich erwarten würden. Was geht hier in unserem Gehirn vor ? Warum ist unsere geistige Leistungsfähigkeit blockiert, fast wie gelähmt ? Und was hat dieses Phänomen mit dem Lernen und Erinnern zu tun, um die es in diesem Buch geht ?

Bild und Begriff

Aber zunächst weiter in unserem Experiment. Nicht nur der Umstand, daß wir nicht erkennen, was wir kennen, ist verblüffend. Auch die Tatsache, daß wir dann, wenn wir mitgeteilt bekommen haben, worum es sich bei dem "Etwas" handelt, es meist sofort mit einem Blick sehen, verwundert. Über 80 % meiner Teilnehmer erkennen augenblicklich, nachdem ich ihnen den Begriff genannt habe, was dargestellt ist - so als würde eine Tür ins Schloß schnappen.

Gebe ich Ihnen nun also den Begriff für das Objekt, seine Bezeichnung, ist die Wahrscheinlichkeit, daß Sie es sofort erkennen werden, groß. Lösen wir also das Rätsel, und versuchen Sie nun die abgebildete *Kuh* erkennen !

Indem Sie nun den sprachlichen Begriff kennen, fällt es Ihnen leicht, die Abbildung zu entschlüsseln. Die Tür schnappt in das Schloß ! Wenngleich es eine Reihe verschiedener Interpretationen des Ergebnisses dieses kleinen Experimentes gibt, so läßt sich hiermit jedoch ein wichtiges Prinzip der Verarbeitung von Informationen in unserem Gehirn veranschaulichen. Um die erwartete geistige Leistung zu vollbringen, benötigt unser Gehirn offensichtlich ein sprachliches, begriffliches Element, das mit dem visuellen Bild in Verbindung gebracht werden kann. In diesem Falle das Wort `Kuh' (umgekehrt ist es uns möglich, mit dem Wort `Kuh' sofort eine visuelle Vorstellung zu bilden).

Unser Gehirn ist offensichtlich in der Lage, Informationen sowohl visuell wie auch sprachlich zu verarbeiten. Interessant ist hierbei zweierlei: Einmal die Tatsache, daß die geistige Leistung durch das Zusammenspiel von Sprache und Bild beeinflußt wird, zum anderen, daß die Fähigkeiten, Informationen sprachlich und visuell zu verarbeiten, räumlich getrennt in unterschiedlichen Bereichen des Gehirns lokalisiert sind.

Gelegentlich geht jede Hälfte ihren eigenen Weg

So ist man sich in der neueren Gehirnforschung heute darüber einig, daß die beiden Großhirnhemisphären unseres Gehirns nicht nur räumlich voneinander getrennt sind, sondern auch funktional durchaus eigene Wege bevorzugen - zumindest in der Art der Verarbeitung von Informationen. Man spricht hier wissenschaftlich von der "funktionellen Asymmetrie", d.h. jede Großhirnhemisphäre hat Präferenzen bezüglich der Verarbeitung der ihr zugeführten Informationen.

So läßt sich aus vielen Hinweisen aus der Medizin, die z.T. bis in das 19.Jahrhundert zurückreichen, aber vor allem aus den zahlreichen Untersuchungsergebnissen neueren Datums, die sowohl an erkrankten oder verletzten wie an gesunden Menschen gewonnen wurden, schließen: Bei ca. 95 % der rechtshändigen und ca. 70 % der linkshändigen Menschen präferiert die rechte Hemisphäre die Verarbeitung von visuellen und räumlichen Informationen, das Sprachvermögen hingegen ist eine Spezialität der linken Hemisphäre. Nur bei wenigen Menschen sind diese Fähigkeiten seitenvertauscht oder beidseitig anzutreffen.

Wenn ich hier vereinfachend von der "Links-Rechts-Organisation" spreche, so meine ich die Fähigkeit unseres Gehirns, eine sprachlich-begriffliche von einer visuell-räumlichen Verarbeitung der Informationen unterscheiden zu können; diese Differenzierung findet sich in der Gehirnstruktur wieder.[21]

In der Beurteilung der rechtshemisphärischen Fähigkeiten ist allerdings Vorsicht geboten: Der rechten Hemisphäre werden oft fälschlicherweise ausschließlich visuell-räumliche Verarbeitungs-Fähigkeiten zugeschrieben. Vielmehr "gibt es außer der Sprache keine Fähigkeiten, die der rechten Hemisphäre ganz abgesprochen werden" können[22].

Kommunikation zwischen Links und Rechts

Nun könnte man denken, daß jede Hälfte quasi "jede für sich" ihrer Verarbeitungspräferenz entsprechend arbeitet, ohne die andere Hälfte mitzubeteiligen. Tatsächlich arbeiten beide Hälften offenbar jedoch immer zusammen. Sie nutzen die Möglichkeit, über ein dickes Bündel von Nervenleitungen zu kommunizieren. Dieses sogenannte Corpus Callosum ist der Grund dafür, daß wir kein reines "rechtshemisphärisches" oder "linkshemisphärisches" Gehirn besitzen - wir denken ebensowenig "rechts-" wie "linkshemisphärisch". Vielmehr arbeiten beide Hälften immer gemeinsam an einer Aufgabe.

Wird z.B. ein Gegenstand betrachtet, so verarbeitet die rechte Hälfte wahrscheinlich in erhöhter Aktivität Informationen wie Farbe, Form, Größe etc., während die linke Hemisphäre die jeweiligen Aspekte wohl eher mit

---

[21] Wenn ich hier von einer Unterscheidung "rechtshemisphärischer" und "linkshemisphärischer" Fähigkeiten spreche, so würde man der Forschungslage ohne den Hinweis nicht gerecht werden, daß "zwar die rechte Hemisphäre möglicherweise wirklich stumm ist und sicherlich bei den meisten linguistischen Aufgaben weniger gute Leistungen zeigt als die linke, dennoch aber eine bemerkenswerte Anzahl sprachlicher Fähigkeiten besitzt" (Beaumont, J.G.: Einführung in die Neuropsychologie. München, Weinheim 1987. S.172).

[22] Beaumont 1987, S.173.

Begriffen und sprachlichen Konstruktionen belegt. Jede Hälfte steuert ihre speziellen Fähigkeiten zu allen geistigen Leistungen bei.

Die dominante Linke

Bei der Verteilung dieser Fähigkeiten gewinnt nun die linke Hemisphäre bei den meisten Menschen die Oberhand: man spricht von der Dominanz der linken Hemisphäre (vgl. den Anteil der Rechtshänder unter den Menschen !). Diese Dominanz scheint - wenn man die prozentuale Verteilung der Händigkeit als Maß heranzieht (jede Hemisphäre steuert verschiedene Funktionen der jeweils gegenüberliegenden Körperhälfte) - für die meisten Kulturen zu gelten und sich auch historisch nicht verändert zu haben. Selbst bei prähistorischen Menschen kann die gleiche Verteilung von Rechts- und Linkshändern nachgewiesen werden[23]. Warum wir eine linkshemisphärische Dominanz besitzen, ist bislang noch ungeklärt.

Schluß: Duale Verarbeitung von Informationen

Mit der linkshemisphärischen Dominanz hängt es vielleicht zusammen, daß wir beim Lehren und Lernen oftmals den Begriff und die verbale Sprache in den Vordergrund bringen, anstatt uns der Notwendigkeit einer *dualen Aufnahme und Verarbeitung der Lernstoffe* bewußt zu werden. Dies bedeutet konkret, daß wir beim Unterrichten ebenso wie beim Lernen darauf achten müssen, den Lernstoff nicht nur verbal (schriftlich oder mündlich), sondern auch visuell zu präsentieren[24].

---

[23] Beaumont 1987, S.245.

[24] Aus dieser Annahme resultiert oft ein Mißverständnis, dem es vorzubeugen gilt: Die Schlußfolgerung lautet nicht, daß nun ausschließlich die Aktivitäten der rechten Hemisphäre unterstützt werden müssen, da wir ja sowieso eine "starke" linke Hemisphäre besitzen. Vielmehr ist dem Gehirn die Möglichkeit bereitzustellen, sowohl "links-" wie "rechtsaktiv" - also dual - arbeiten können !

Daß eine in diesem Sinne duale Verarbeitung von Lernstoffen oder Unterrichtsinhalten für das Verstehen und Behalten sehr hilfreich ist, wissen wir bereits aus alten Untersuchungen, die in der Lernpsychologie wie in der Unterrichtswissenschaft seit langem bekannt sind[25]. Daß wir uns der Bedeutung dieser Kenntnisse auch in der praktischen Lehr- und Lernarbeit bewußt werden und sie konsequent beim Unterrichten umsetzen, scheint uns eine der grundlegenden Bedingungen für erfolgreiches Lehren und Lernen zu sein.

---

[25] Vgl. u.a. Düker, H. u. R.Tausch: Über die Wirkung der Veranschaulichung von Unterrichtsmitteln auf das Behalten. 1957. In: Döring, K.W. (Hrsg.): Lehr- und Lernmittelforschung. Weinheim 1971.

6.2 Die Gedächtnisstufen

Wie gelangen eigentlich Informationen in unser Gedächtnis, und zwar derart, daß sie dauerhaft erhalten bleiben? Und welcher Prozeß geschieht derweilen in unserem Gedächtnis?

Zur Beantwortung dieser Fragen muß zunächst gesagt werden, daß Informationen bestimmte Schwellen passieren müssen, ehe sie in den Teil des Gedächtnisses gelangen, in dem sie auf unbestimmte Zeit aufbewahrt werden. Man spricht hier auch von den Gedächtnisstufen.[26]

Welche Gedächtnisstufen sind bekannt?

Die Wissenschaft hat bislang kein einheitliches Modell der Gedächtnisstufen vorgestellt. Aus vielen Untersuchungen ergibt sich allerdings, daß man relativ sicher von drei Stufen des menschlichen Gedächtnisses ausgehen kann:

- ❑ der sensorische Speicher[27],
- ❑ das Kurzzeit-Gedächtnis und
- ❑ das Langzeit-Gedächtnis.

---

[26] Das Modell der Gedächtnisstufen suggeriert klar voneinander abgegrenzte Bereiche. Tatsächlich sind die Übergänge jedoch nur unscharf auszumachen.

[27] Im deutschen Sprachraum ist auch der Begriff Ultrakurzzeit-Gedächtnis gebräuchlich, der auf F. Vester zurückgeht. Die von Vester genannte Verweildauer der Informationen im Ultrakurzzeit-Gedächtnis von bis zu 18 Sekunden ist allerdings nicht unumstritten.

Der sensorische Speicher

Die menschlichen Sinnesorgane registrieren verschiedene Reize aus der Umwelt: Geräusche, visuelle Ereignisse, Gerüche, Informationen über Druck und Oberflächenbeschaffenheit durch die Haut etc. Diese Sinneswahrnehmungen lösen eine Aktivierung bzw. Erregung in den Sinnesorganen und den Bahnen zum Gedächtnis aus. Im Gehirn selbst präsentiert sich jede aufgenommene Information in Form von "elektrischen Schwingungen".

"Auf irgendeiner oder vielleicht allen diesen Ebenen liefert die Aktivierung einen sensorischen Gedächtniseindruck. Das heißt, daß die Aktivierung auch nach dem Verschwinden des Reizes am Sinnesorgan noch kurz weiterbestehen kann und so eine `Repräsentation' des Reizes in dessen Abwesenheit bildet."[28] Die Informationen befinden sich im sensorischen Speicher.

Das Kurzzeit-Gedächtnis

Das Kurzzeit-Gedächtnis kann als eine Art Arbeitsspeicher betrachtet werden. Hier wird "geistige Arbeit" verrichtet wie z. B. "eine Vorstellung vor dem geistigen Auge sehen, 'Zahlen im Kopf' zu addieren, eine Liste von Items wie z. B. eine Telefonnummer zu behalten und sogar Sprache zu verstehen und Probleme zu lösen."[29]

Die Verrichtung "geistiger Arbeit" ist gleichbedeutend damit, daß Informationen im Fokus der Aufmerksamkeit sind. Das Kurzzeit-Gedächtnis ist somit jener Teil des Gedächtnisses, der die Informationen nach dem Grad ihrer Bedeutsamkeit selektiert.

"Es gibt eine Grenze, wie viele und welche Art von Prozessen gleichzeitig ablaufen können. Diese Grenze wird Aufmerksamkeit genannt. Wo eine solche Begrenzung fehlt, spricht man von Automatisiertheit. Aufmerksamkeit

---

[28] Klatzky, R.: Gedächtnis und Bewußtsein. S. 38 f.
[29] Klatzky, R., a.a.O., S. 43.

erfordernde (oder attentionale) Prozesse sind hinsichtlich der Möglichkeiten gleichzeitigen Ablaufs eingeschränkt, automatische nicht."[30]

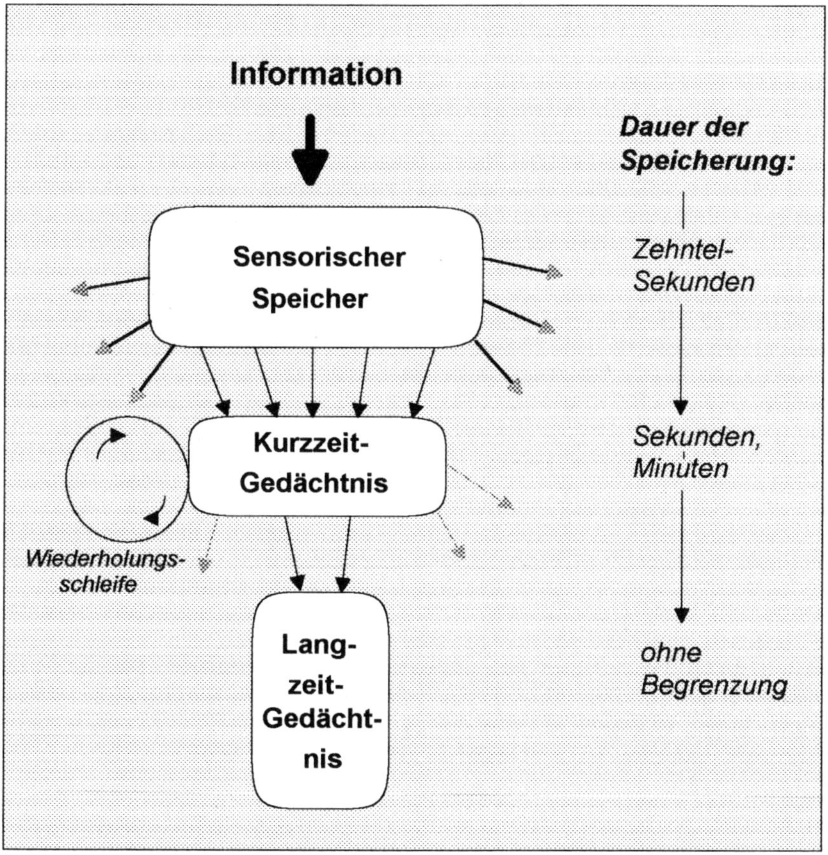

Abb. 22: Die Gedächtnisstufen.

[30] Klatzky, R., a.a.O., S. 34.

Um Informationen für eine längere Zeitspanne im Kurzzeit-Gedächtnis zu behalten, ist eine Wiederholung dieser Informationen notwendig. Sie befinden sich dann auf der sogenannten "Wiederholungsschleife".

Das Langzeit-Gedächtnis

"Im Gegensatz zum sensorischen und Kurzzeit-Gedächtnis, wo die Speicherung nur eine Nebenfunktion anderer Aspekte des Systems ist, dient das Langzeit-Gedächtnis in der Hauptsache der Aufbewahrung von Informationen."[31]

Man geht davon aus, daß Informationen, die einmal in das Langzeit-Gedächtnis gelangt sind, dort auch permanent zur Verfügung stehen. Von Vergessen läßt sich nur insofern sprechen, als Informationen nicht mehr auffindbar sind. Die größte Schwierigkeit beim Erinnern besteht also darin, daß ein Zugriff auf die gesuchten Informationen nicht immer direkt möglich ist.

Woher weiß man das eigentlich?

Es gibt diverse experimentalpsychologische Untersuchungen, die das eben angeführte Drei-Stufen-Modell des Gedächtnisses nahelegen. Nur einige wenige davon können hier exemplarisch angeführt werden, um das Modell plausibel zu machen.

Die Funktionsweise des sensorischen Speichers läßt sich am Beispiel des Anschauens von Filmen verdeutlichen. Der Betrachter nimmt eigentlich nur eine Vielzahl von Einzelbildern wahr. Diese erscheinen ihm aber zusammenhängend, da der *sensorische Speicher* die visuellen Informationen solange zur Verfügung stellt, bis das nächste Bild gezeigt wird. In der Gesamtwirkung ergibt sich auf diese Weise ein fließender Übergang von Bild zu Bild.

---

[31] Baddeley, A.: So denkt der Mensch. München 1986. S. 16.

Will man den Inhalt eines gesprochenen Satzes begreifen, so ist es erforderlich, sich an den Satzanfang zu erinnern. Sämtliche Informationen über diesen Satz werden im *Kurzzeit-Gedächtnis* festgehalten und ermöglichen so erst ein Sprachverständnis. Auch das Kopfrechnen ist erst dadurch möglich, daß bestimmte Informationen für eine gewisse Zeit zur Verfügung stehen, z.B. bei einer Zwischenrechnung bei der Multiplikation zweier Zahlen.

Beim freien Erinnern einer Wort-Liste tritt gewöhnlich folgender Effekt auf: Die letzten Worte der Liste werden besonders gut erinnert, weil sie sich noch im Kurzzeit-Gedächtnis befinden. "Das Ergebnis sieht ganz anders aus, wenn unmittelbares Erinnern verhindert wird. Schon eine kurze Unterbrechung wirkt sich auf die Tendenz, die letzten beiden Punkte der Liste besser zu erinnern, negativ aus."[32] Sehr wahrscheinlich werden jetzt nur die Worte erinnert, die bereits in das *Langzeit-Gedächtnis* übergegangen sind.

Wie lange werden Informationen gespeichert?

Im *sensorischen Speicher* werden Informationen unterschiedlich lang aufbewahrt, je nachdem auf welchem Eingangskanal sie angekommen sind.

Visuelles Material wird für eine Zeit von ca. 1/10 Sek. gespeichert. Akustische Informationen hingegen werden bis zu 3 Sek. lang aufbewahrt.[33]

Wie lange Informationen im *Kurzzeit-Gedächtnis* verweilen können, läßt sich nicht genau sagen. Werden Informationen regelmäßig wiederholt - dies ist der Mechanismus der Wiederholungsschleife -, so bleiben sie im Kurzzeit-Gedächtnis erhalten. Würde man nun diesen Wiederholungsmechanismus ausschalten, so ist anzunehmen, daß die Informationen nach einer bestimmten Zeitspanne verloren gegangen sind. Diese Zeitspanne läßt sich allerdings nur sehr schlecht experimentell ermitteln, da man nicht sicherstellen kann, daß der Wiederholungsmechanismus ausgeschaltet ist.

---

[32] Baddeley, A., a.a.O., S. 177.
[33] Baddeley, A., a.a.O., S. 18.

Vor diesem Hintergrund kann man nur vor der Angabe von festen Speicherzeiten warnen, wie sie immer wieder in vielen Veröffentlichungen zu finden sind. Meiner Meinung nach ist es nur zu verantworten, von einer Speicherung im Sekunden- oder Minutenbereich zu sprechen.

Das *Kurzzeit-Gedächtnis* ist nicht nur von begrenzter Verweildauer, sondern auch von begrenzter Kapazität. Es besteht die Möglichkeit, in diesem Teil des Gedächtnisses 5 - 7 Verarbeitungseinheiten, sogenannte Chunks, aufzubewahren und zu bearbeiten. Ein Chunk ist die größte verfügbare Substruktur von Information[34]. Es kann sich dabei z. B. um ein Wort, einen Satz oder einen Text handeln.

Bei Informationen, die einmal in das *Langzeit-Gedächtnis* gelangt sind, kann man davon ausgehen, daß sie dauerhaft gespeichert werden. Kann man sich nicht mehr an zuvor langzeitgespeicherte Informationen erinnern, so ist davon auszugehen, daß nur der gedankliche Zugriff nicht gelingt.

Was folgt aus dem Stufenmodell für den Lernprozeß ?

Es sind insbesondere drei Konsequenzen, die sich aus dem Modell der Gedächtnisstufen ableiten lassen:

a. Das sensorische Gedächtnis wirkt wie ein Filter. Um es zu passieren, ist es erforderlich, daß der Lernstoff ein hohes Maß an Bedeutsamkeit für den Lerner aufweist.

b. Da die Kapazität des Kurzzeit-Gedächtnisses offenbar begrenzt ist und demzufolge immer wieder Informationen verloren gehen, ist es wichtig, daß Lernstoffe wiederholt werden - möglichst auf vielfältige Art und Weise. Weiterhin entscheidet auch hier das Maß an subjektiver Bedeutsamkeit über den weiteren Weg der Information.

c. Um Informationen so einzuspeichern, daß sie aus dem Langzeit-Gedächtnis problemlos abrufbar sind, ist es notwendig, daß sie bereits bei der Informationsaufnahme in organisierten, geordneten Struktu-

---

[34] Simon, H.A.: The sciences of the artificial. 2. Aufl. Cambridge 1981. S.80.

ren vorliegen. Hierdurch wird vermieden, daß bei einer begrenzten Aufnahmekapazität isolierte Informationen verloren gehen. Dies spricht also für ein Lernen in geordneten Kontexten und gegen eine detaillistische Informationsaufnahme.

6.3 Unsere Modelle von der Wirklichkeit

In diesem Kapitel möchte ich Ihre Aufmerksamkeit auf die Tatsache lenken, daß Lerngegenstände von verschiedenen Personen unterschiedlich wahrgenommen und verarbeitet werden. Man könnte auch davon sprechen, daß ein jeder Lerner den Lernstoff durch seine individuelle Brille sieht.

Um seine Wahrnehmungen erklären zu können, konstruiert der Mensch Modelle und Theorien über die Wirklichkeit. Diese stark subjektiv "gefärbten" Modelle müssen aber nicht zwangsläufig ein genaues Abbild der Wirklichkeit sein. In diesem Sinne läßt sich (in Anlehnung an einen Buchtitel von Watzlawick/Kreuzer) von der "Unsicherheit unserer Wirklichkeit" sprechen.

Meine Logik / Deine Logik

Im folgenden soll ein Experiment beschrieben werden, das vielfach wiederholt worden ist und das zu erstaunlichen Resultaten geführt hat.

In dem Experiment "wurden Versuchspersonen vier Karten vorgelegt, auf denen die folgenden Symbole abgebildet waren:

E	K	4	7

Dazu wurde den Versuchspersonen mitgeteilt, daß auf einer Seite der Karten immer ein Buchstabe und auf der anderen Seite eine Zahl abgebildet sei. Die Aufgabe bestand darin zu beurteilen, ob für diese vier Karten die folgende Regel gilt:

Wenn auf einer Seite der Karte ein Vokal abgebildet ist, dann steht auf der anderen Seite eine gerade Zahl."[35]

Die Versuchspersonen durften zwei, und nur zwei, Karten umdrehen, um zu prüfen, ob die Hypothese stimmt.

Die beiden Karten, die umgedreht werden müssen, sind das "E" und die "7". Diese Vorgehensweise wird gewöhnlich nur von etwa 10 % aller Versuchspersonen gewählt, d. h. 90 % drehen mindestens eine falsche Karte um.

In einer Versuchsanordnung, die logisch genau der eben geschilderten Aufgabe entspricht, soll die folgende Regel überprüft werden:

Wenn ein Brief zugeklebt ist, dann ist er mit einer Briefmarke frankiert.

Den Versuchspersonen werden vier Briefe vorgelegt:

a. Vorderseite Brief (mit Briefmarke)
b. Vorderseite Brief (ohne Briefmarke)
c. Rückseite Brief (zugeklebt)
d. Rückseite Brief (offen).

Diese Aufgabe wird von mehr als 80 % der Versuchspersonen richtig gelöst, d. h. die Briefe b) und c) werden umgedreht. Obgleich es sich um eine logisch äquivalente Aufgabe handelt, differieren diese Ergebnisse erheblich von denen der vorigen Aufgabenstellung.

Es scheint so zu sein, daß die erzielten Ergebnisse vom Kontext der Aufgabenstellung abhängig sind. Aufgaben mit einem höheren Grad an Vertrautheit scheinen mehr richtige Lösungen nach sich zu ziehen.

Die Resultate dieser und anderer Aufgaben deuten darauf hin, daß sich Menschen beim Problemlösen keiner "objektiven" Logik bedienen. "Jene

---

[35] Anderson, John R.: Kognitive Psychologie. Heidelberg 1988. S. 249.

Vielmehr scheint es so zu sein, daß sich Menschen ein individuelles (Denk-)Modell der Wirklichkeit konstruieren, um ihre Wahrnehmungen in einen für sie sinnvollen und vor allem nachvollziehbaren Zusammenhang stellen zu können.

Welche Konsequenzen kann dieses Experiment für Ihr Seminar haben ?

Hätte ein Mathematik-Dozent, für den die logischen Strukturen des Karten-Experiments offensichtlich sind, diese Aufgabe den Teilnehmern eines Kurses gestellt, so hätte er möglicherweise - abhängig von den Voraussetzungen der Teilnehmer - eine Überraschung erleben können.

Denn was sich für ihn als "klar", "logisch" oder "verständlich" darstellt, ist es u. U. für die Teilnehmer überhaupt nicht. Sie blicken durch ihre individuelle Brille und nehmen ganz anders wahr als der im logischen Denken geschulte Dozent. Sie konstruieren gedankliche Gebilde, mentale Modelle, die sie in die Lage versetzen, ihre Wahrnehmungen zu interpretieren, zu verstehen.

Wie sich im Karten-Experiment gezeigt hat, stimmen diese Modelle aber nicht unbedingt mit der Wirklichkeit überein. In dem Experiment drehen viele Versuchspersonen fälschlicherweise die "4" um, sehr wahrscheinlich deshalb, weil in der Hypothese die Geradzahligkeit erwähnt ist.

Für das Lehren ergibt sich aus diesen Einsichten eine ganz fundamentale Konsequenz:

Es ist eine Aufgabe des Dozenten, den Lernern passende (Denk-)Modelle zur individuellen Verarbeitung anzubieten. Die Lerngegenstände müssen so auf die Lerner abgestimmt sein, daß eine den Voraussetzungen der Lerner entsprechende Verarbeitung der Informationen erfolgen kann.

Individuelle Verarbeitung und die verschiedenen Lerntypen

In Lernpsychologie und Didaktik ist seit langem bekannt, daß es verschiedene Lerntypen gibt, die auf eine unterschiedliche Art und Weise angesprochen werden wollen.

So unterscheidet man beispielsweise den visuellen, verbal-abstrakten, auditiv-kommunikativen und haptischen Lerntyp. Dies sind natürlich nur heuristische Kategorien, die auch anders aussehen können.

Aus der Existenz dieser verschiedenen Lerntypen ergibt sich die didaktische Forderung nach einer mehrkanaligen Präsentation des Lernstoffs. Die Forderung nach individuellen Verarbeitungsmöglichkeiten geht aber insofern über die Forderung nach einer mehrkanaligen Präsentation noch hinaus, als hierbei der Akzent mehr auf den individuellen Denkstrukturen und weniger auf den individuellen Eingangskanälen liegt.

Was macht den Lerner eigentlich so individuell ?

Der Titel eines Buches von Jens Asendorpf beschreibt die Situation sehr treffend: Keiner wie der andere.[37] Menschen sind viel individueller, als man es gemeinhin annehmen möchte.

Die Ursachen für die ausgeprägte Individualität des Menschen sind zwei Faktoren zuzuordnen: Genotyp (Erbe) und Umwelt. Diese beiden Faktoren bestimmen unser Denken, Fühlen und Handeln, wobei sie sich stets wechselseitig beeinflußen (Genotyp-Umwelt-Koevolution, Person-Umwelt-Koentwicklung[38]).

Die Faktoren Genotyp und Umwelt lassen sich wie folgt differenzieren:

---

[37] Asendorpf, Jens: Keiner wie der andere - Wie Persönlichkeitsunterschiede entstehen. München 1988.

[38] Asendorpf, J., a.a.O., S. 203.

Genotyp

- Genetische Grundlagen der Intelligenz
- Genetische Grundlagen sozial-emotionaler Persönlichkeitsmerkmale (z.B. Streßmechanismus)

Umwelt

- person-spezifische Einflüsse (spez. Behandlung durch Eltern und Geschwister; spez. Lernsituationen; spez. Erfolge/Mißerfolge etc.)
- altersgebundene Einflüsse (spez. Einflüsse auf die Mutter während der Schwangerschaft; Position in der Geschwisterreihe; spez. Bedingungen in Kindergarten und Schulklasse; Beziehungen zu Gleichaltrigen etc.)
- familien-spezifische Einflüsse (sozioökonomischer Status der Eltern; Wohnumgebung; Freunde und Verwandte der ganzen Familie; Bildungsorientierung der Eltern; familientypischer Medienkonsum etc.)

Die Gesamtheit der beiden Faktoren *Genotyp* und *Umwelt* bildet für jeden Menschen ein komplexes Muster, das absolut einzigartig ist. Dieses Muster ist die Basis menschlicher Individualität.

6.4 Ganzheitliches Lernen

Kaum ein Begriff zum Thema Lernen ist so häufig strapaziert worden wie der Begriff des "ganzheitlichen Lernens"[39]. Mit ihm verbinden sich hohe Erwartungen an den Lehr- und Lern-Prozeß, da er von vielen Autoren und Seminar-Anbietern als Synonym für eine neue Qualität des Lernens gebraucht wird.

Allerdings ist nur recht selten klar, was denn nun genau unter einem ganzheitlichen Lernprozeß zu verstehen ist. Deshalb soll in diesem Kapitel der Begriff des ganzheitlichen Lernens ein wenig näher bestimmt werden.

Der Ausdruck "ganzheitlich" soll meiner Meinung nach zum Ausdruck bringen, daß es beabsichtigt ist, das gesamte Lernpotential des Menschen auszuschöpfen bzw. anzusprechen, d. h. alle vorhandenen Lern-Ressourcen sinnvoll zu nutzen. Anders formuliert: Lernprozesse dürfen sich nicht auf das sinnentleerte Auswendiglernen von Details, auf das prüfungsorientierte Pauken und die ausschließlich verbal-sprachliche Vermittlung von Informationen beschränken.

Ein ganzheitlichher Lernprozeß sollte nach unserer Auffassung vor allem durch die folgenden Merkmale gekennzeichnet sein:

- Multisensorische Darbietung von Informationen (d.h. Ansprechen möglichst vieler Sinne);
- Einordnung von Detail-Informationen in Strukturen und Herstellung von Zusammenhängen;
- Mischung aus geistiger Angeregtheit und entspannter Lernatmosphäre;
- Gegenseitige Ergänzung von Kognitionen und Emotionen.

---

[39] Edelmann, Walter: Suggestopädie / Superlearning. Ganzheitliches Lernen - das Lernen der Zukunft? Heidelberg 1988.

Multisensorische Darbietung von Informationen

Beim ganzheitlichen Lernen müssen die Lernprozesse so gestaltet werden, daß alle Sinne gleichermaßen angesprochen sind. Diese Forderung leitet sich einerseits aus dem Wissen um die verschiedenen Lerntypen (z. B. visuell, verbal-abstrakt, auditiv-kommunikativ, haptisch) ab, berücksichtigt also die individuellen Präferenzen der Lerner. Andererseits wird auch ein vielfältiges Lernangebot für die einzelnen Lerner sichergestellt, die natürlich trotz individueller Präferenzen sehr wohl auf unterschiedliche Lernangebote zugreifen.

Wichtig ist vor allem, daß duale Informationsaufnahme- und -verarbeitungsmöglichkeiten angeboten werden, d. h. daß die übliche verbale Form der Darstellung durch eine visuelle Form ergänzt wird. Damit wird die Visualisierung von Informationen zu einer zentralen Aufgabe des Dozenten.

Einordnung von Detail-Informationen in Strukturen und Herstellung von Zusammenhängen

Ein wichtiger Aspekt ganzheitlichen Lernens besteht darin, Detail-Informationen in übergeordnete Strukturen einzupassen, um den Lernern die Zusammenhänge plausibel zu machen. Lernprozesse können nämlich durch die Vermittlung solcher Strukturen für eine gedankliche "Ordnung" bei den Lernern sorgen. Strukturen dienen gleichsam als Assoziations- und Erinnerungshilfe.

Die Gefahr der Überflutung mit vielen Einzelinformationen ist in unserer Zeit besonders groß geworden, so daß das Bedürfnis nach Orientierung und Übersicht zunimmt. Vor diesem Hintergrund ist es eine der wichtigsten Aufgaben von Dozenten - insbesondere bei fachlich-technischen Schulungen -, den Lernern die entscheidenden Sinnzusammenhänge aufzuzeigen und einzelheitliche Informationen in ganzheitliche Strukturen einzubetten.

Mischung aus geistiger Angeregtheit und entspannter Lernatmosphäre

Für einen wirklichen Lernerfolg ist es erforderlich, daß die Teilnehmer eine positive Einstellung zum Lernen entwickeln können. Dies ist nur möglich in einer angenehmen Lernatmosphäre, in der Lernangst nicht aufkommen kann und vorhandene Lernhemmungen abgebaut werden.

Dies setzt einen Dozenten voraus,

- der den Teilnehmern ein hohes Maß an Wertschätzung und Akzeptanz entgegenbringt,
- sie durch sein eigenes Engagement zum Lernen ermuntert,
- ihnen Lernhilfen zur Verfügung stellt und
- sie zu sichtbaren Lernerfolgen führt.

In diesem Zusammenhang gilt: Nichts ist erfolgreicher als der Lernerfolg. Haben die Teilnehmer erste Lernerfolge erleben können, so wird sie dies - stärker als irgend ein anderer Faktor - zum Weiterlernen motivieren.

Zum angenehmen Lernklima muß eine Atmosphäre der geistigen Angeregtheit und Konzentration kommen. Wenn sich diese beiden Faktoren ergänzen, ist ein intensives Lernen und Arbeiten möglich - die Zeit "vergeht wie im Fluge", und es tritt kaum Müdigkeit auf.

Gegenseitige Ergänzung von Kognitionen und Emotionen

> "Gefühle sind älter und tiefer als Gedanken, in der Evolution eine Entwicklung der Säugetiere. Sie entstanden als gefühlte Beurteilungen einer Reihe von überlebenswichtigen Standardsituationen, die ihre Besitzer zum richtigen (das heißt zum wahrscheinlich zweckmäßigen) Verhalten anhielten, als sich die genetische Kontrolle über Einzelheiten ihres Handlungsablaufs lockerte und ihr Nervensystem größere Fähigkeiten erlangte, zweckmäßiges Verhalten zu improvisieren. Gefühle,

so gesehen, sind Meinungen, wenn auch ungedachte und sprachlose Meinungen.

Angst etwa ist die erlebte, gefühlte Meinung: Es ist zweckmäßig, sich einer riskanten Situation überhaupt zu entziehen; diese Situation hier ist als gefährlich zu beurteilen; also sollte ich fliehen; die Flucht nützt nur, wenn ich sie nicht aufschiebe, also fliehe ich jetzt. Der Gefühlsapparat ist also eine Art präliminärer Vernunft."[40]

Wie eng Lernvorgänge und Gefühle zusammenhängen, wird deutlich, wenn man sich an Dinge erinnert, die von hohem persönlichen Wert sind. Die Geburt eines Kindes, ein bedeutender Geburtstag, das Kennenlernen des Partners, eine wichtige Prüfung etc. sind Ereignisse im Leben, die wohl zeitlebens in sehr guter Erinnerung bleiben werden.

Es darf also vermutet werden, daß sich Sachverhalte besonders gut erinnern lassen, wenn sie nicht nur auf der kognitiven Ebene, sondern auch auf der emotionalen Ebene angesprochen werden. Dies kann durch positive Gefühle wie Freude als auch durch negative Gefühle wie Angst geschehen; im Falle des Unterrichtens sollte man sich allerdings aus bekannten Gründen auf die positiven Gefühle beschränken.

Wenn sich bestimmte Lerninhalte für uns mit Gefühlen verbinden, dann haben wir eine Möglichkeit zur Assoziation dieser Lerninhalte gefunden, die über die gängigen Assoziationsmuster Bedeutung, bildhafte Vorstellung, Klang etc. hinausgeht.

---

[40] Zimmer, Dieter E.: Die Vernunft der Gefühle - Ursprung, Natur und Sinn der menschlichen Emotion. München 1981. S. 97 f.

Wie steht es denn mit Superlearning ?

Ebenso wie mit Begriff des "ganzheitliche Lernens" werden auch mit dem Begriff "Superlearning" hohe Erwartungen an den Lernprozeß aufgebaut, nicht selten wird von einer neuen Qualität des Lernens gesprochen.

Es scheint mir angeraten, ein wenig kritische Distanz zu den diversen Superlearning-Angeboten aufzubauen, um sie vernünftig einschätzen und beurteilen zu können. Denn zunächst einmal ist "Superlearning" ein Etikett, mit dem die verschiedensten Artikel (Seminare, Bücher, Cassettenkurse etc.) versehen werden[41]. Ein Etikett ist nun aber keine Garantie für eine hohe didaktische Qualität.

Es gibt inzwischen viele Varianten des Superlearning, das ursprünglich von dem bulgarischen Professor Georgi Lozanov entwickelt wurde. Fast alle aktuellen Superlearning-Varianten berücksichtigen die folgenden unterrichtlichen Prinzipien[42]:

- Vielfalt des Lernangebots (engl.: suggestion = Vorschlag)
- Multisensorische Informationsdarbietung (versch. Lernkanäle)
- Verbindung von logisch-analytischen und intuitiv-kreativen Prozessen.

Besonders typisch für das Superlearning-Konzept sind die folgenden Elemente:

- Darbietung des Lehrstoffes mit Musik (sog. Lernkonzerte)
- Entspannungsübungen
- Schaffung eines positiven Lernklimas (vor allem durch non-verbale Kommunikation und eine spezifische Gestaltung der Lernumwelt).

---

[41] Im folgenden unterscheide ich die Begriffe "Superlearning" und "Suggestopädie" nicht ausdrücklich. Die Gemeinsamkeiten überwiegen meines Erachtens die Unterschiede beider Varianten deutlich.

[42] Edelmann, W., a.a.O., S. 53 ff.

Superlearning-Kurse haben eine bestimmte Lehr-Lern-Sequenz, die i.a. die folgende Grundstruktur aufweist:

1. Vorbereitungsphase (z. B. Informationen über den Kursablauf, positive Suggestion, mentale bzw. körperliche Entspannung etc.);
2. Kognitive Phase (Globale Sinnvermittlung und aktive Bearbeitung des Materials im Detail, Visualisierung);
3. Rezeptive Phase (Erstes Lern-Konzert, Entspannungsübung, zweites Lern-Konzert);
4. Aktivierungsphase (Übungen in spielerischer und kommunikativer Form, Aktivierung passiven Wissens).

Meine Einschätzung von Superlearning-Kursen ist grundsätzlich positiv. Es kommen Lernprinzipien zur Anwendung, die in vielen herkömmlichen Kursen[43] nicht oder nicht ausreichend berücksichtigt werden. Dazu gehören die positive Einstellung zum Lernen, das Ansprechen mehrerer Lernkanäle sowie die Betonung emotional-motivationaler und mehr oder minder unbewußter Aspekte des Lehrens und Lernens.

Bedenken habe ich bei den theoretischen Grundlagen des Superlearning, insbesondere bei den "wissenschaftlich fundierten Erkenntnissen aus der Hirnforschung" (z. B. die angeblich rechtshirnig verortete Kreativität), und bei den behaupteten außerordentlichen Lernresultaten. Viele Untersuchungen weisen einen geringen bzw. unzureichenden untersuchungsmethodischen Standard auf. Diejenigen Untersuchungen hingegen, die methodisch korrekt verfahren, können die behaupteten Ergebnisse nur zum Teil bestätigen[44].

Unter dem Strich will ich mich dem Resumée von Walter Edelmann anschließen: "Wenn eine neue Idee oder eine ausgearbeitete Methode vor ihrer Verbreitung ausreichend empirisch belegt sein müßte, hätte es in

---

[43] Es gibt den "herkömmlichen Kurs" natürlich genauso wenig, wie es den "Superlearning-Kurs" gibt.

[44] Edelmann, W., a.a.O., S. 66 ff.

diesem Jahrhundert noch keine einzige pädagogische Innovation gegeben. Für bestimmte Anwendungsbereiche (beispielsweise Intensiv-Sprachkurse mit den Schwerpunkten Sprechtraining und Hörverstehen) ist die Suggestopädie vermutlich eine angemessene und sehr motivierende Methode."[45]

---

[45] Edelmann, W., a.a.O., S. 81.

7. Abbildungen

8. Literatur

Anderson, J.R.: Kognitive Psychologie. Heidelberg 1988.

Baddeley, A.: So denkt der Mensch. München 1986.

Beaumont, J.G.: Einführung in die Neuropsychologie. München 1987.

Birkenbihl, V.: Stroh im Kopf. München, Landsberg 7/1988.

Döring, K.W.: Praxis der Weiterbildung. Weinheim 1991.

Ders.: Lehren in der Weiterbildung. Ein Dozentenleitfaden. Weinheim 1988.

Edelmann, W.: Suggestopädie / Superlearning. Ganzheitliches Lernen - das Lernen der Zukunft? Heidelberg 1988.

Edelmann, W.: Lernpsychologie. Weinheim 5/1996.

Knoll, H.J.: Kleingruppenmethoden. Weinheim 1993.

Knoll, H.J.: Kurs- und Seminarmethoden. Weinheim 6/1995.

Lehner, M.: Neue Wege der didaktischen Reduktion. In: Verwaltung und Fortbildung, Heft 1/1993.

Parkin, A.: Gedächtnis. Weinheim 1996.

Popper, K.R. u. J.C. Eccles: Das Ich und sein Gehirn. München 8/1989.

Wahl, D.; Wölfing, W.; Heger, D. u.a.: Erwachsenenbildung konkret. Mehrphasiges Dozententraining. Weinheim 1991.

Weidenmann, B.: Erfolgreiche Kurse und Seminare. Weinheim 1995.